AF314816

L'AMÉRIQUE VIVANTE

PAR

HENRI HAUSER

Professeur à la Sorbonne

PARIS

LIBRAIRIE PLON

PLON-NOURRIT ET Cⁱᵉ, IMPRIMEURS-ÉDITEURS

8, rue Garancière - 6ᵉ

1923

BENJ. FRANKLIN NATUS BOSTON XVII.I.MDCCVI
MDCCVI
Ex libris
AMERICAN CHAMBER
OF COMMERCE
in PARIS
Deuzinbg. Paris

Un **Ministère de l'éducation nationale**, par L. Brunschvicg, de l'Institut (5e édition).

Le **Syndicalisme intellectuel**. *Son rôle politique et social*, par Jules Sageret (5e édition).

La **France à Gênes**. *Un programme de reconstruction économique de l'Europe*, par Celtus (24e édition).

L'Afrique latine, *Maroc, Algérie, Tunisie*, par André Fribourg, député de l'Ain (4e édition).

La **France en Amérique latine**, par Georges Lafond (4e édition).

Comment faire connaître la France à l'étranger, par Firmin Roz (5e édition).

Nos **illusions sur l'Europe centrale**, par Wladimir d'Ormesson (5e édition).

Le **Problème des réparations.. Comment le résoudre?** par Jean Lescure (5e édition).

Le **Maroc, école d'énergie**, par A. de Tarde (5e édition).

La **Question des arsenaux**, par H. Le Marquand (4e édition).

Wallons et Flamands. *La Querelle linguistique en Belgique*, par Jules Destrée (5e édition).

HOMMES ET IDÉES

Série publiée sous la direction de E. Lemonon et A. de Tarde.

La **Paix par la Ruhr**, par Robert Veyssié (10e édition).
Mussolini et le Fascisme, par Domenico Russo (6e édition).

A PARAITRE :

L'Entente franco-anglaise, par René Pinon.

Ce volume a été déposé au ministère de l'intérieur en 1924.

L'AMÉRIQUE VIVANTE

PAR

HENRI HAUSER

PROFESSEUR A LA SORBONNE

PARIS

LIBRAIRIE PLON

PLON-NOURRIT ET Cⁱᵉ, IMPRIMEURS-ÉDITEURS

8, RUE GARANCIÈRE - 6ᵉ

—

Tous droits réservés

A MES COLLÈGUES

DE L'UNIVERSITÉ HARVARD

(Cambridge, Mass.)

EN SOUVENIR DE LEUR AMICALE HOSPITALITÉ

1923

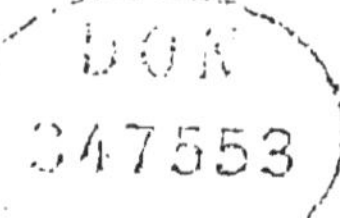

L'AMÉRIQUE VIVANTE

AVANT-PROPOS

I

Une mission universitaire m'a fait vivre, durant un semestre, en Amérique. Pour la première fois je franchissais l'Océan. Occasion unique pour regarder, essayer de voir et de comprendre. J'ai cru aussi qu'il était de mon rôle de « faire comprendre ». Car mes compatriotes m'ont paru, en général, aussi mal renseignés sur les États-Unis que les Américains sont ignorants des choses de l'Europe. Là-bas, je tentais d'expliquer à mes auditeurs la France. Ici, dans des articles que voulut bien accueillir l'Information (1), je notais au jour le jour quelques-uns des aspects changeants de la vie américaine.

Le directeur de la présente collection a fait à ces articles l'honneur de penser que, réunis en un volume, ils pourraient encore intéresser le lecteur. J'ai d'abord hésité à

---

(1) Parus entre février et juillet. Trois autres articles, plus ou moins utilisés ci-dessous, ont paru dans la *Tribune de Genève*.

l'en croire : on éprouve quelque scrupule — après les mille et un successeurs qui se sont eux-mêmes donnés à Colomb — quelque scrupule et aussi quelque gêne à redécouvrir l'Amérique. Au reste je ne pouvais avoir la prétention de décrire les Etats-Unis. Je n'ai vu qu'une partie très restreinte, un coin de cet immense pays, et qui est un continent. De l'Atlantique au Mississipi — New York et Minneapolis — des lacs canadiens aux lisières du Sud, les chutes du Niagara d'un côté, de l'autre l'admirable coupe de verdure et de fleurs où s'étendent les nobles architectures de la capitale fédérale ont marqué les limites extrêmes de mes pérégrinations. Je n'ai vu ni l'Amérique noire du coton, ni les déserts du Far West, ni la splendide Californie — l'Amérique jaune — ni la luxuriante Floride, ni la molle Louisiane.

Même dans le domaine où je pouvais me mouvoir, je suis loin d'avoir tout vu. D'absorbantes occupations universitaires ne m'ont permis de passer que de nuit devant des villes célèbres. Je n'ai pas vu fumer les cheminées de Pittsburgh. Le train m'a tout juste fait contourner Détroit, royaume de Ford...

Mais, si j'ai vu peu, j'ai beaucoup regardé, avec une curiosité passionnée, sans parti-pris d'aucune sorte. J'ai tâché de me transformer en une simple plaque photographique, qui enregistre sans trop déformer. Quelques-uns de mes amis américains ont, d'aventure, trouvé certains de mes clichés un peu durs, ou plutôt quelques Français timorés ont pu craindre que je n'eusse contristé nos amis américains. En ces derniers temps les Français n'ont guère appliqué aux Etats-Unis que l'une ou l'autre de ces méthodes : ou bien, avec cet air de supériorité boulevardière qui rend tant de nos compatriotes parfaitement insupportables, ils ont prétendu juger d'après les normes françaises — disons parisiennes — les choses et gens d'Amérique : cuisine, modes, littérature, politique, institutions sociales, etc. Rien n'agace autant les Américains que ce perpétuel : « Ah! monsieur, comment peut-on être Yankee! » Rien ne nous fait autant de tort. Le mal est plus grave encore quand ces observateurs, étonnés que le monde soit fait autrement que leur famille, assaisonnent leurs jugements de plaisanteries que le public de nos music halls (1) peut juger spirituelles. Disons-nous bien que l'ironie n'est pas un article d'exportation.

Ou bien — et il s'agit alors d'observateurs d'une tout autre qualité intellectuelle et littéraire — la mode est, en Amérique, de tout admirer. Accordant leurs instruments délicats aux cuivres un peu grossiers de l'orgueil américain, certains de nos lettrés proclament que New York est la plus belle ville du monde, et la plus agréable, que les mœurs américaines sont les plus douces et les plus pures, que la démocratie américaine est la plus généreuse et la plus libre de toutes.

J'ai eu le malheur de croire que nous devions admirer où il faut, blâmer où il faut. Je n'ai pas chanté les litanies de sainte Columbia. Je ne me suis pas roulé dans la poussière devant toutes les manifestations de l'efficiency américaine. J'avoue n'avoir ressenti qu'une vénération médiocre pour les incommodes couchettes des Pullmann, avec leur intolérable promiscuité sur laquelle veille une Providence noire, ni pour la rudesse brutale de leurs démarrages; je me suis étonné de voir un service postal qui fonctionne avec une irrégularité digne de l'Europe centrale. J'ai osé dire enfin que si le mal latin était le cynisme, la fanfaronnade de vice, l'Amérique n'était pas exempte (elle en est moins

---

(1) *Music-hall* se dit en anglais *vaudeville*.

atteinte que l'Angleterre) du vice anglo-saxon : l'hypocrisie collective, l'hypocrisie considérée comme une force de coercition sociale. Certains Américains se fâchent très fort quand des étrangers lisent les romans de Sinclair Lewis. Serait-ce que ces livres, Babbit ou Main Street, peignent trop crûment la vérité, quelques aspects assez généraux de la réalité? « Inutile de les lire, dit-on, c'est ce que l'on voit tous les jours. »

J'ai cru démêler également, sous les dehors d'une civilisation très avancée — qui se vante d'être la plus avancée — certains retours inquiétants d'une brutalité presque sauvage. Disons d'abord, et très haut, que la plupart des affirmations courantes en Europe sur la brutalité américaine sont de grossières légendes. J'ai cherché, je n'ai vu nulle part l'Américain de Dickens, qui mettait ses pieds sur la table et crachait devant lui. C'est une espèce disparue, comme le bison ou le castor. On est poli, très poli en Amérique, je vous le jure, et parfois plus discipliné que chez nous. On ne crache sur le sol d'aucun wagon, d'aucun tramway. « Cent dollars d'amende, ou la prison, ou les deux à la fois. » On ne fume en aucun endroit non réservé à cet usage. On se découvre, et l'on tient son chapeau à la main, dans tout ascenseur où se trouve une dame — à moins que ce ne soit l'ascenseur d'une banque, d'une maison de commerce, car la femme n'y compte plus comme femme, mais comme élément du business. Il ne faut nul héroïsme, ni poings solides, ni côtes résistantes pour entrer dans le subway de New York ou pour en sortir. Je n'ai jamais vu une femme rester debout devant des hommes assis dans le subway ou les trams de Boston; je l'ai vu très rarement à New York, jamais quand cette femme portait un enfant. Et les complaisances des employés pour les mamans chargées de petits sont souvent touchantes. N'en déplaise aux « guides », voilà la vérité.

Mais... Imaginez une de ces charmantes universités de l'Ouest, mollement installée sous les arbres et dans les fleurs, entre les magnifiques avenues et le lac, large, et, par un beau jour de printemps, bleu comme la mer. Epars dans la verdure, les auditoires, les bibliothèques, mais aussi les piscines, les gymnases dressent leurs murs parés de lierre, de vigne vierge ou de glycines; tennis, portiques pour les exercices physiques, stades, accueillent les jeunes gens des deux sexes, souvent vêtus des mêmes costumes de sport. Sur la grève chaude, au bord du flot calme, étudiants et étudiantes sont paresseusement étendus, généralement deux à deux. Ils travaillent. Ils lisent. J'ai peur qu'en ces heures tièdes du joli printemps, au bord de cette mer d'eau douce qui rappelle la mer tyrrhénienne ou l'Adriatique, j'ai peur que certains de ces couples ne lisent pas plus avant...

Université idyllique... Pourquoi faut-il qu'on y conte de lugubres histoires et que, sous le miroir des eaux bleues, se cache un atroce mystère? A la sortie d'une fête d'étudiants, un soir pareil aux autres soirs, des étudiants ont pris un de leurs camarades dans une barque, l'ont bâillonné, ligoté, puis sur lui se sont refermées les eaux du Michigan. Personne n'ose le dire trop haut, car un étudiant qui avait trop parlé s'est vu interdire le campus universitaire, sous peine de se faire « casser la figure... » Et autour de ce drame sinistre circulent des histoires d'amour, d'enlèvement (I), de jeunes filles séduites ou abandonnées, ou encore reprises par leurs pères qui ont préféré les garder même après la fugue plutôt que de les marier à un infâme... J'avais raison d'évoquer Francesca et Paolo. Il faudrait aussi penser aux haines familiales des Capulet et des Montaigu.

(I) L'enlèvement et le mariage prématuré deviennent des incidents classiques dans la vie de collège américaine. Plusieurs administrations universitaires ont dû y mettre le holà.

J'ai cru devoir dire le mal comme le bien. Comme je l'ai déclaré à un banquet de la Harvard Union — et mes auditeurs ne m'en ont su nul mauvais gré — une admiration perpétuelle n'est pas un signe de vraie amitié. J'ai cru voir qu'un nombre croissant d'Américains étaient écœurés par cette continuelle odeur d'encens, autant qu'irrités par l'acidité de la « blague » parisienne, qu'ils savaient goûter une critique indépendante, quand ils la sentaient amicale. « Enfin, m'ont dit quelques-uns, voilà un Français qui ne trouve pas que tout est bien chez nous! » On peut aimer l'Amérique sans admirer le Ku Klux Klan, ou sans goûter des institutions policières qui font de cette libre démocratie le pays le plus réglementé de la terre, depuis que l'Allemagne impériale n'est plus.

II

Si j'ai pu, en si peu de mois et sur un espace mesuré, voir assez exactement certaines choses, cela tient, je dois le dire, aux conditions exceptionnellement favorables dans lesquelles j'étais placé. Il n'est pas possible de faire comprendre à qui n'est pas universitaire le charme de la vie dans certaines universités américaines, surtout à Harvard. L'Angleterre elle-même, plus cérémonieuse et plus froide, n'a rien d'égal. J'aimerais à parler des facilités particulières, inconnues partout ailleurs, que Harvard réserve au travail intellectuel. Tous ceux qui ont eu leur study, au milieu des livres, dans l'admirable bibliothèque Widener en tomberont d'accord avec moi. Mais ce que je puis dire, c'est l'aimable, la généreuse hospitalité offerte, dans l'Université même, au professeur d'échange, à celui qu'on appelle, si gentiment, « l'hôte *français (1) »; c'est, au lieu des sévères et froids couloirs d'une quelconque Sorbonne, le campus ombragé de vieux ormes, de pins et de marronniers; neige blanche l'hiver, où les étudiants circulent en longues traînées sur les chemins de planches, plus tard pelouses verdoyantes et fleuries. C'est une sensation singulière que d'aller faire son cours en dérangeant les oiseaux chanteurs et les écureuils familiers. C'est une chose exquise que de vivre en contact permanent, en vive et cordiale sympathie avec ses collègues de tout ordre, et aussi avec les étudiants, surtout avec les plus âgés, ces gradués qui sont associés déjà, bien plus que chez nous, au travail de leurs maîtres... A table, au fumoir, dans les clubs, dans les « fraternités » d'étudiants, enfin dans ces maisons familiales où l'accueil était d'une simplicité si chaleureuse, j'ai appris sur l'Amérique réelle et vivante bien des choses. Que mes amis de Harvard, et aussi d'ailleurs, surtout de Minnéapolis, d'Ann Arbor, d'Evanston trouvent ici l'expression de ma gratitude.*

III

Pour un Français, l'heure était particulièrement intéressante et grave. Aux derniers jours de janvier 1923, deux faits semblaient peser sur les relations franco-américaines : la conférence de Washington, le discours de New Haven. Je n'ai pas à dire tout ce que nous avaient coûté l'impréparation, la légèreté, l'incompétence de certains de nos représentants, leur ignorance de la langue et des habitudes locales,

(1) Le professeur Schofield, prématurément enlevé à la science, a voulu que son appartement, installé dans un *hall* de gradués, servît d'asile au professeur d'échange. On a ainsi le sentiment de vivre chez un collègue absent, et dont la pensée reste présente.

le manque de tenue allant jusqu'au scandale, parfois même le manque d'éducation de certains d'entre eux. Ce fut un désastre que d'autres, puissamment armés, surent exploiter. L'idée d'une coercition anglo-saxonne pour mettre à la raison la France turbulente éclatait dans la harangue du secrétaire d'Etat Hughes, à la fin de décembre. La diplomatie française, la vraie — pas la diplomatie d'amateurs qui gâche tout — mais la diplomatie patiente qui veille, à Washington, au maintien des bonnes relations franco-américaines, cette diplomatie dut passer des heures noires.

L'amitié franco-américaine fut sauvée par le peuple américain. C'était, pour le nouvel arrivant, un étonnement et une joie que de voir, de semaine en semaine, presque de jour en jour, la cause française gagner du terrain, malgré la double propagande, celle des ennemis — en somme la moins dangereuse, — celle des alliés. Le mouvement en notre faveur partit de l'American Legion, des « vétérans » de la grande guerre. Avec nos idées toutes faites sur le pays des dollars, nous n'évaluons pas assez l'importance, dans la vie américaine, du facteur sentimental. Pour l'évaluer, il faut avoir vu venir à soi, la main tendue, un « légionnaire » qui vous a reconnu comme Français — en wagon, sur un bateau — et qui tient à vous dire son admiration pour la France, ses nuits dans les tranchées de Champagne, et la joie qu'il a éprouvée à conduire, à travers l'Amérique, celui qu'il appelle tout uniment « le maréchal ». Nous ne savons pas non plus quelle est, dans cette nation jeune, la fraîcheur des souvenirs de l'Indépendance. La Fayette, Rochambeau, nous croyons que ce ne sont plus que des thèmes usés de la phraséologie officielle; non, c'est encore matière vivante.

L'accueil fait à tout instant par des inconnus à un inconnu, parce qu'il est Français, est un signe révélateur;

on vous considère, bon gré mal gré, comme un représentant de notre pays. Il m'est arrivé, dans de très simples agapes universitaires, de parler sous les drapeaux unis des deux nations, et toute la salle se lève quand le toastmaster introduit le délégué « de la grande nation qui a tant fait pour l'humanité, de notre alliée : France ». Bien coupables ceux qui ne se rendent pas compte des responsabilités qu'impose cet honneur, et qui se croient autorisés à servir aux Américains des denrées oratoires de deuxième catégorie, assez bonnes, pensent-ils, pour l'exportation. Bien coupables ceux dont la tenue quotidienne contraste avec l'idée que les Américains se font de la France.

Bref, dès janvier, certains groupes signifièrent au gouvernement de Washington, et très haut : « On ne touche pas à la France ». Ces groupes grossirent. Ils disaient d'abord : « La France a le droit de faire ce qu'elle fait. Pratiquement, elle fait peut-être une sottise, mais nul n'a le droit de l'empêcher de la faire. » Plus tard, au fur et à mesure qu'on fut mieux renseigné, on dit : « Ce n'est peut-être pas une sottise. Cette politique, qui n'est pas unjust, pourrait bien ne pas être unsound. » Enfin, à l'époque des voyages de printemps, certains Américains découvrirent l'Europe, les régions dévastées et l'escroquerie allemande, et revinrent en disant : « La politique française est la seule sage. » Enfin beaucoup, qui admirent l'énergie et même ne détestent pas la force, ajoutaient : « La France baissait dans notre estime, elle geignait sans cesse. La voilà qui agit. »

Ils ne pensaient pas tous ainsi. Les graves économistes, les tenants de l'évangile selon saint Maynard Keynes, continuèrent à dire, avec des larmes dans la voix : « La France se suicide. » Les libéraux de The Nation et de New Republic peignirent ce diptyque : 1914-1923, et proclamèrent que la France de Poincaré était plus criminelle que *l'Allemagne de Guillaume II, la condamnation de Krupp von Bohlen plus scandaleuse que celle de miss Edith Cavell... Pour la presse de l'Ouest, le problème était plus simple : L'Europe, disait-elle, est un petit monde bien déplaisant. Avec ses petits États, ses frontières qu'il faut regarder à la loupe, ses querelles pour des territoires que couvrirait une seule ferme de l'Oklahoma, ses lignes de douanes qui vous forcent à sortir de wagon plusieurs fois en une nuit, ses monnaies qui dansent un cake-walk éperdu, l'Europe semble au lecteur de Hearst infiniment méprisable. Quand Micromégas, un pied sur chaque bord de la Baltique, se penchait pour ramasser une coquille de noix où s'injuriaient des philosophes, il n'éprouvait pas d'autre sentiment que certain citoyen des villes de l'Ouest quand il lit les nouvelles d'Europe.*

Mais, de décembre à juin, je crois pouvoir dire que la majorité est venue à nous. On n'a pas suffisamment mesuré, en France, l'importance de ce phénomène : du danger dont nous menaçait la formation d'une coalition anglo-saxonne et l'intervention de cette coalition dans la Ruhr, nous avons été sauvés par « la résistance passive » de l'opinion américaine.

Malgré la similitude de langue et, dans une certaine mesure, la communauté des institutions, l'Américain diffère profondément de l'Anglais. Je trouverais irrévérencieux d'écrire qu'il est plus intelligent. Je dirai qu'il comprend plus vite, et qu'il est moins incapable de changer d'opinion au contact des faits. L'Anglais, robustement attaché à une thèse, y reste fidèle longtemps après qu'elle a cessé d'être vraie. L'Américain change d'avis en présence des faits. Il a même pour le fact une sorte de culte mystique. Cela n'est pas sans danger. On le trompe très bien en lui présentant comme facts et surtout comme figures (c'est-à-dire comme chiffres et statistiques), de simples inventions, des chiffres imaginaires. D'autre part, si sa souplesse d'esprit est grande, si une idée juste se répand sur le continent avec la puissance d'une lame de fond, ces vagues ont leur reflux. Il est très difficile de dire à quoi l'Amérique s'intéressera dans six mois.

Actuellement, elle me paraît être au point que voici : de plus en plus elle approuve la France, et exige qu'on lui laisse les mains libres; la majorité croit d'autant plus au droit de la France à se faire payer par l'Allemagne qu'elle s'estime en droit de recouvrer ses dettes sur la France comme elle l'a fait sur l'Angleterre; de plus en plus nombreux sont les Américains qui ne veulent plus que leur pays se désintéresse de l'Europe. Le président Harding ne voulait pas aller plus loin que la Cour de la Haye. Mais des esprits indépendants, quelques-uns appartenant au parti républicain, lui rappelaient déjà, fin mai, qu'il s'était jadis, avec d'autres républicains, engagé à aller, en prenant ses précautions, jusqu'à Genève. Entreprise avec éclat par le président Lowell à Kansas City, en plein royaume des farmers de l'Ouest, cette campagne continuera, et le président Calvin Coolidge devra compter avec elle.

J'espère que mes lecteurs français et américains liront ces modestes pages dans l'esprit où elles ont été écrites, esprit de sincère objectivité, mais aussi de vive sympathie pour un peuple ami.

Je leur ai laissé la forme même que je leur avais donnée dans mes articles, celle d'une libre conversation, à travers l'Océan, avec le public français. Je me suis borné à quelques corrections de détail, à quelques additions. Ces pages, écrites au jour le jour et suivant les circonstances, j'ai essayé de les classer en un ordre logique. Car j'avais, en arrivant en Amérique, un certain nombre de préoccupations directrices : voir les choses et les hommes, tels qu'ils sont; me rendre compte de la situation économique; étudier les mouvements de l'opinion. Mais la vie se moque de la logique. On trouvera donc tel aspect de ville — Boston, ou Cambridge — mêlé à des observations sur les sentiments de la Nouvelle-Angleterre, tandis que des notes sur la propagande allemande émaillent une description de Milwaukee. Je n'ai pas voulu disloquer ces petites unités, et j'ai même, à la plupart d'entre elles, laissé leurs dates (1).

(1) De même je laisse à cet avant-propos sa date : août 1923. Depuis, en ce pays où tout va si vite, de nouvelles vagues ont peut-être déjà balayé bien des digues que j'avais vues grandir (novembre).

CHAPITRE PREMIER

PREMIERS CONTACTS AVEC L'AMÉRIQUE

En cinglant vers l'Amérique.

A bord du *la Bourdonnais*, janvier 1923.

« L'une partie du monde, disait le sage Commynes, ne sait comme l'autre vit. »

Ce mot me revient en pensée, quand, sur le bateau qui me porte, j'essaie de classer les questions que je voudrais poser à la réalité américaine. D'avance j'ai l'impression d'une incompréhension mutuelle. Ce n'est pas seulement la distance qui nous sépare, c'est ce fait géographique immense auquel nous ne prêtons d'ordinaire qu'une attention distraite : l'Océan.

Assurément il s'est rétréci depuis les temps de Colomb et de Jacques Cartier. Nous avons beau, depuis que nous avons passé les Sorlingues, ne plus rencontrer d'autres êtres vivants que les mouettes et les marsouins ; à travers l'Océan vide nous sentons cheminer à nos côtés des compagnons invisibles que nous révèle à tout instant la chanson mystérieuse de la sans-fil. La Terre aussi nous appelle, et nous envoie tous les jours les nouvelles d'Europe, les débats des Chambres, les incidents qui se sont produits dans la Ruhr. Nous ne sommes pas tout à fait retranchés de l'humanité.

Cependant on ne mesure pas la profondeur de l'abîme

entre l'Europe et l'Amérique si l'on n'a pas vu se fermer autour de soi le cercle de ce désert liquide et mouvant. Que d'étrangetés en ce court voyage, même quand on bénéficie, comme c'est le cas en ce moment, d'une traversée exceptionnellement tranquille ! La tranquillité, sur cette mer hostile à l'homme qu'est l'Atlantique septentrionale, c'est encore la houle, la lutte des courants contraires, les violents et soudains changements de température. Hier, nous traversions, au large de Terre-Neuve, les champs de glace. Les eaux lourdes et calmées, noires d'encre, se déploient au loin comme une moire ; elles sont semées de taches blanches, qui s'élèvent et retombent avec le mouvement régulier des larges ondes. Le navire les écarte, les rejette le long de ses bords. Légèrement creusées à la surface, couronnées d'une bordure neigeuse, on dirait des vasques flottantes ou mieux, de grands nénuphars qui voguent autour de nous, à l'infini. On sort de ce champ magique, mais c'est pour apercevoir à l'horizon, sous le ciel gris et pâle, des chaînes de blancheurs qui, de loin, paraissent au-dessus de la mer. Ces continents inconnus sont d'autres champs de glace où nous allons entrer tout à l'heure... Il semble qu'on n'en pourra plus sortir.

Comment deux mondes que séparent de tels obstacles pourraient-ils penser de même? Comment le fermier du Minnesota pourrait-il comprendre les préoccupations de celui de la Brie? Ni l'un ni l'autre, peut-être, n'ont traversé l'Océan. Ils sont loin, très loin l'un de l'autre.

A l'arrière du bateau, les troisièmes sont presque vides. Au lieu de centaines d'hommes, de femmes, d'enfants, elles n'en abritent pas une quarantaine. Cela, déjà, est un enseignement : le premier de mon voyage d'Amérique. Les États-Unis cessent d'être un pays d'immigration. Les quelques échantillons de l'Europe orientale (Polonais surtout) qui sont ici ne sont pas des plus pauvres. Quelques-uns même sont assez à leur aise pour s'installer dans les secondes. L'Amérique du Nord se ferme aux masses européennes. Elle n'est plus le grand refuge.

Elle exige de tous les passagers l'affirmation qu'ils possèdent au moins, cinquante dollars. Elle leur impose, pour le visa de leur passeport, une taxe énorme, comme n'oserait en prélever aucun des États qui ont leurs finances à refaire et leur change à relever. Elle nous fait signer à tous des déclarations compliquées et étranges : « Etes-vous polygame? Avez-vous fait de la prison? Avez-vous été déporté? Etes-vous anarchiste? » Et ceci, qui est d'un humour exquis : « Avez-vous des idées violentes contre le gouvernement? » J'ai envie de riposter : Lequel?

On me demande encore si je suis « Bohémien (sic), ou Morave, ou Slovaque » — car la statistique américaine connaît ces trois « nationalités » ou, comme elle dit, ces trois « races ». Elle connaît des Bosniens, distincts des Serbes, tandis qu'un Belge est pour elle Français ou Flamand ; un Suisse est Français, Allemand ou Italien. Des diverses nationalités baltiques elle ne connaît que les Finlandais et les Lithuaniens. Les autres sont inexistantes et ne figureront pas au prochain *Census*.

Voilà comme l'Amérique connaît l'Europe, et c'est muni de renseignements de cette qualité que « l'observateur » américain va, conseiller irresponsable, donner son avis à la Commission des Réparations ou à la vingt-septième ou trente-deuxième conférence de la paix. Décidément, la profondeur de l'Atlantique est insondable.

Si, après votre fortune on tient à connaître votre race, c'est que les États-Unis veulent limiter, pour chacune d'elles, le nombre des immigrants à un certain pourcentage de son chiffre d'avant-guerre. L'Amérique ne veut plus servir de déversoir aux Europes surpeuplées, aux nations atteintes par le chômage ; les Unions ouvrières ne veulent plus de la concurrence des populations pauvres, qui abaisseraient le *standard of life* au pays du dollar. L'Amérique finit par où l'Australie avait débuté, par le protectionnisme humain.

Politique dangereuse, dont l'Australie commence à comprendre qu'elle fut insensée. Avec ses cent à cent vingt millions d'habitants, la grande république américaine est encore un continent à moitié vide, et ce n'est pas sa très faible natalité qui le remplira. Or elle enferme dans son sein une population de couleur considérable et croissante, aussi prolifique que la blanche est quasi-stérile. Vous ne voulez pas d'une Amérique galicienne, ou lithuanienne, ou ruthène ; vous risquez, en rompant l'équilibre entre les races, d'enfanter une Amérique noire. Il est contradictoire de conserver vis-à-vis des nègres ou des gens de couleur la traditionnelle politique d'inégalité sociale qui les pousse à se donner une conscience « noire », à nourrir je ne sais quels rêves d'éthiopianisme, il est contradictoire de renouveler les mystérieuses et sauvages exécutions du *Ku-Klux-Klan*, et de renoncer à ce très simple moyen de combattre la puissance de l'élément nègre : accroître l'importance numérique de l'élément blanc.

Commencerait-on, à Washington, à le comprendre? On le croirait à voir la leçon que certains Américains tirent des fameuses persécutions dont les Grecs seraient victimes en Thrace et en Asie-Mineure. Le pourcentage des immigrants grecs aux États-Unis, dit la *Review of Reviews* de décembre dernier, est déjà plus qu'atteint pour cette année. Ne pourrait-on modifier les lois sur l'immigration en faveur des réfugiés grecs, quelque vingt-cinq mille? Les Turcs eux-mêmes n'ont-ils pas suggéré, à Lausanne, à l'observateur américain, que l'on pourrait créer un « home » arménien... en Amérique?

Prendra-t-on ce masque de la philanthropie chrétienne pour faciliter une reprise de l'immigration blanche? Il le faudrait d'autant plus que, d'elle-même, elle est de nature à décroître dans la mesure où les anciennes populations émigrantes de l'Europe monarchiste et quasi-féodale d'avant-guerre trouvent maintenant un « home » et du travail chez elles, dans les États nationaux que la paix du droit a tout de même appelés à la vie. Il y aura, sur la liste des émigrants, de moins en moins de Slovaques, de Ruthènes ou de Bosniens. « Comment, dira l'inspecteur de l'immigration, comment peut-on être Bosnien? »

Et ce n'est pas suffisant, pour défendre l'Amérique blanche, que de demander aux passagers : « Etes-vous Africain (noir)? ». — Car la statistique américaine ne connaît pas d'Africains blancs !

Tout cela, sans parler du péril jaune... Si la Californie a peur d'être envahie par les Japonais, qu'elle ne laisse pas se créer chez elle de ces vides qui attirent les races exubérantes, qu'elle s'empresse de garnir ses vergers de paysans européens. Mais elle est si loin de nous ! Il y a aussi loin de San Francisco à New York que de New York à Brest et, entre ces deux dernières villes, il y a l'aveugle Océan.

L'Amérique qui se ferme.

L'Amérique se ferme aux hommes ; elle se ferme aussi aux produits.

Aux hommes, elle oppose des formalités, elle impose des taxes. Pas un étranger ne met le pied sur le sol des États-Unis sans avoir payé au fisc américain, en droits multiples, *plus de trente dollars*. On explique formalités et taxes par la peur du bolchevisme. Comme si les « rouges », au cas où ils voudraient entrer, ne se procureraient pas trente dollars et des papiers en règle !

Contre les produits, le tarif. — On se rappelle quel beau tapage ce fut aux États-Unis lorsque le président Wilson parla d'abaisser (c'est la troisième des quatorze propositions) les barrières commerciales entre les peuples. Les républicains accusèrent le président démocrate de machiner je ne sais quelle ténébreuse conspiration libre-échangiste. Le président vit le danger et s'expliqua : il n'avait pas dit qu'il fallait abaisser le tarif, mais bien qu'il fallait appliquer à toutes les nations le même tarif, haut ou bas, *high or low*. Il ne s'agissait pas d'abaisser les barrières, mais de les rendre égales pour tous. On pouvait les hausser tant qu'on voudrait, pourvu qu'à ces murailles il n'y eût ni créneaux ni fenêtres.

Les républicains les ont relevées, jusqu'au ciel. A l'heure même où les États-Unis réclament à l'Europe le paiement de ses dettes et où leurs économistes proclament que tout grand transfert de capitaux n'est possible que sous forme de marchandises, le tarif empêche les marchandises européennes de passer l'Atlantique... Comprenne qui pourra.

Heureusement, contre le tarif, travaille la hausse du dollar, dont la sans-fil nous permet, tous les matins, de marquer les étapes. Grâce à elle, le navire, vide d'émigrants, n'est pas vide de marchandises. Il emporte des soieries, même des soies grèges, des cuirs, du caoutchouc, des articles de Paris. Le tonnage transporté serait très voisin de celui d'avant-guerre, s'il n'y manquait un élément essentiel, qui faisait autrefois une grosse part de la cargaison sur nos lignes d'Amérique : à savoir les liquides. Que de caisses de champagne ou de bordeaux emplissaient

les cales ! Il n'en passe plus que quelques-unes, pudiquement armées de cette étiquette : *for medicinal purpose*.
La médecine couvre bien des choses.

Boit-on moins en Amérique, surtout boit-on moins
d'alcool? Ni les Américains qui sont à bord, ni les Français qui connaissent l'Amérique ne me laissent à cet égard
la moindre illusion. Je tâcherai de voir, par mes yeux, ce
qu'il en est. Si j'en crois mes compagnons, jamais l'alcoolisme n'a été plus dangereux que depuis qu'il s'est fait
hypocrite. La fraude « médicinale » joue d'abord son rôle.
Plus considérable est celui de la contrebande : contrebande par la Havane, par les Bahamas, par le Canada ;
contrebande par les vaisseaux étrangers auxquels les
États-Unis n'ont tout de même pas pu imposer un droit
de visite d'un nouveau genre. Comme, autrefois, l'unique
« vaisseau de permission » qui, se remplissant et se vidant
sans cesse, permettait aux Anglais de ravitailler les Indes
espagnoles, certains navires jouent le rôle d'entrepôts
flottants. Et l'on dit que les inspecteurs de la prohibition,
sous prétexte de se documenter, ne dédaignent pas de
venir à bord déguster les échantillons les plus variés. On
me conte des histoires effrayantes de collèges où les bou-
teilles s'entassent plus vite que les livres. Telle mère de
famille, dans l'État de New York, a dû visiter maintes
écoles avant d'en trouver une où son fils ne risquât point
de se trouver en compagnie de piliers de cabaret. Pour être
clandestins, ces cabarets n'en sont que plus dangereux.

Et après... Parce que les démocrates ont gagné des
sièges aux élections de novembre, bien des Français voient
déjà par terre le tarif républicain. Parce que la question
de la prohibition a été soulevée durant ces élections,
parce que certains États se sont prononcés en faveur de
la bière et des « vins légers » — ce que nous appelons les

boissons hygiéniques — on se figure que Bordeaux va de nouveau envoyer outre-mer ses caisses et ses barriques. Et parce que tels ou tels hommes d'État américains ont applaudi aux courageux efforts de M. Clemenceau, parce qu'ils font entendre, même au Sénat, des paroles de sympathie pour la France et de juste sévérité à l'égard de l'Allemagne (1), nos gens croient déjà voir l'Amérique sortant de son trop splendide isolement, reprenant sa place à la Société des Nations, bref, passant une seconde fois l'Atlantique.

L'Atlantique, nous le répétons, est large et profond, plus malaisé à franchir qu'on ne pense.

Nous avons, déjà une fois, payé cher notre méconnaissance des institutions et surtout des mœurs politiques américaines. Ne recommençons pas. Il est vrai que la majorité républicaine au Congrès a été réduite : elle reste suffisante pour être une majorité. Et surtout qu'est-ce que ce Congrès, où les démocrates représenteront une force ? Il a été élu en novembre 1922, ce qui, chez nous, signifierait qu'il doit entrer en fonctions dès maintenant. En droit, les pouvoirs de l'ancien Congrès, où les républicains sont les maîtres incontestés, ne viendront à expiration qu'au début de mars. Mais rien n'empêche l'administration Harding de faire voter par ce Congrès, avant mars, toutes les lois dont elle a besoin pour gouverner d'ici à la fin de l'année. Elle pourra ainsi, suivant un usage à peu près constant, reculer jusqu'en décembre la convocation du nouveau Congrès. L'effet des élections de novembre 1922 ne se fera sentir qu'en *décembre* 1923.

Il peut nous paraître étrange que, dans un pays qui se

(1) C'est à ce moment que le sénateur Reed, du Missouri, avait prononcé le courageux discours qui fut le commencement d'un mouvement d'opinion en notre faveur.

proclame le plus démocratique de l'univers, la représentation nationale puisse être de dix à onze mois en retard sur l'expression de la volonté populaire. Chez nous, qu'un candidat désagréable au gouvernement soit élu conseiller municipal dans un quartier turbulent de Paris, le ministère chancelle. Mais l'Amérique n'est pas la France. Le verdict populaire y est soumis à la loi de sursis.

Donc, prenons-en notre parti. Les attaques contre le tarif républicain et contre la « sécheresse », ne se produiront pas au Congrès avant décembre. Et, pour que la forte minorité démocrate devienne une majorité, il faudra attendre les élections de novembre 1924, c'est-à-dire une Chambre dont les pouvoirs seront inaugurés en mars 1925, dont la vie réelle ne commencera peut-être qu'en décembre 1925. Prenons patience.

A côté de cette Chambre, le Sénat. Nouveau sujet de méditations pour les logiciens que nous sommes. Comme chacun des États, grands ou petits, nomme deux sénateurs, ni moins ni plus, la majorité peut changer dans le peuple sans changer dans le Sénat. Il faut, pour obtenir un changement du Sénat, que change l'opinion de la majorité des États. Supposez un instant que la majorité des Américains, voulant vendre leurs grains et leur lard, soient partisans d'un tarif moins prohibitif, il suffira que les États agricoles soient moins nombreux d'une unité que les États industriels protectionnistes pour que les hauts tarifs soient maintenus. Tant que nous n'aurons pas vingt-cinq États (sur quarante-huit) de notre côté, le Sénat sera contre nous.

Enfin ne nous faisons-nous pas illusion sur les conséquences que pourrait avoir, à notre égard, la substitution des démocrates aux républicains? Nous nous figurons à tort que la politique étrangère tient en Amérique, dans les luttes entre les partis, la place qu'elle occupe chez nous. Parce que nous nous figurons toujours que l'Amérique a les yeux tournés vers l'Europe, nous nous croyons le centre du monde. Mais l'Amérique, à tort ou à raison, considère qu'elle est son centre à elle-même. Que le fermier de l'Ouest ou le planteur de coton du Sud fasse triompher les démocrates, cela ne suffira point pour que leurs pensées, comme en 1917, franchissent l'Atlantique.

Et pourtant... Un symptôme à noter, c'est le succès remporté par Albert Thomas, adhésion de l'Amérique au Bureau international du Travail. Bon gré mal gré, l'Amérique vient de signer une des sections du traité de Versailles ; elle va siéger dans un des organismes de la Société des Nations. La voilà dans l'engrenage. S'y laissera-t-elle engager plus avant?

C'est ce que je compte aller lui demander.

Comment on entre dans la libre Amérique.

New York, 30 janvier.

Il n'était pas permis à tout un d'aller à Corinthe. A New York pas davantage.

Dès les premières heures du matin, par un radieux jour d'hiver où il semble que le soleil de Naples veuille rire sur les glaçons de l'Hudson, nous apercevons la côte américaine. Je vous épargnerai les descriptions classiques des collines qui se dressent des deux côtés de la large baie, et que la dernière tempête a faites toutes blanches ; je ne vous ferai pas deviner, dans la brume couleur d'ardoise, la verticale de lumière qui sera tout à l'heure la statue de Bartholdi, verte sur son piédestal blanc ; je n'aiderai pas vos yeux à démêler, comme en un tableau de Carrière, les fantastiques architectures qui, de loin, semblent s'entasser les unes sur les autres pour monter à l'assaut du ciel ; je ne vous dirai ni le mouvement des navires charbonniers, ni l'incessant va-et-vient des *ferries*, ni, là-bas, ce fil d'araignée tendu en l'air qu'est le pont de Brooklyn... Tout cela, on vous l'a dit cent fois.

Je vous dirai seulement qu'il n'est pas neuf heures quand, après avoir passé les forts qui ferment la baie, nous stoppons à la Quarantaine, en face d'Ellis Island. Longtemps après, une vedette — pavillon américain à l'arrière, fanion jaune à l'avant — contourne notre navire par la poupe, puis accoste, et laisse sortir un médecin militaire, deux infirmières enveloppées dans leurs manteaux khaki, et un servant. Poignées de main échangées avec le médecin du bord, nos hôtes vont d'abord prendre le café. Cependant la plage arrière s'emplit d'un bruit de sabots : tout l'équipage est là, en tenue de travail, pour passer la visite. Le médecin les compte par files, pour s'assurer que personne ne manque. S'il regardait les poitrines maigres, dans les chemises entr'ouvertes, s'il démêlait les traits sous les « gueules noires » des chauffeurs, il se dirait peut-être que ces gens-là — des vainqueurs — n'ont pas plus que les vaincus leur juste compte de calories. Mais déjà il est en face, à passer la revue plus réjouissante du personnel du bord, cuisiniers, sommeliers, garçons de cabine.

Au tour des passagers maintenant. Ordre de nous ranger à la queue-leu-leu le long du bordage, sous un beau rayon de soleil qui réchauffe l'air glacé. Mais non, changement de programme : à la salle à manger. Entre nos rangs le médecin passe à toute vitesse, faisant claquer dans sa main, à chaque voyageur, son compteur automatique... Puis à l'arrière va se passer plus lentement, plus mystérieusement aussi, la visite sanitaire des troisièmes. Pensez donc, ces gens viennent surtout de Pologne ! Dans la géographie transatlantique, la Pologne, c'est bien près de la Russie, pays des soldats rouges et des poux, des soviets et du typhus.

Enfin le médecin et les *nurses*, casquées d'opulentes chevelures acajou, ont sauté dans la vedette. Une seconde vedette accoste : c'est la douane qui vient vérifier la cargaison. Puis une troisième, et celle-là nous quitte aussitôt, car ceux qu'elle apporte vont nous accompagner jusqu'à New York ; ce sont les redoutables commissaires de l'immigration. Nouveau rassemblement des voyageurs, au salon cette fois, et par catégories : Américains, étrangers. Le passeport ne suffit pas : on nous a remis, d'avance, une carte numérotée que nous devons faire poinçonner par le commissaire, non sans avoir d'abord répondu à ses questions. Quelles questions? Les mêmes auxquelles vous avez répondu au consulat des États-Unis avant de prendre votre billet, les mêmes qui vous ont été posées au Havre, les mêmes encore que l'on vous a posées par écrit pendant la traversée. Gare à ceux qui s'embrouillent ! Qu'ils sachent bien que leur passeport et le visa qui leur a coûté la bagatelle de 150 francs ne leur garantissent nullement la libre entrée dans la libre Amérique. Quand un Américain aperçoit les blancheurs de Sainte-Adresse, il sait à quelle heure il prendra son train et il peut, par radio, donner un rendez-vous à Paris. L'Européen qui est déjà depuis deux heures dans le port de New York, qui voit défiler devant lui les premiers docks, celui-là ne sait ni à quelle heure il arrivera, ni même s'il arrivera... Qu'il n'invite personne à déjeuner ou qu'il ne s'invite pas chez des amis de New York. Il était neuf heures quand nous avons reçu notre première visite ; il faudra que notre excellent maître-queux improvise un déjeuner de plus, car nous ne débarquerons qu'après midi. Et ceci n'est point un conte. Du moment où l'on voit New York à celui où l'on accoste, il s'écoule trois heures, quand tout va bien. Non, il n'est pas permis à tous d'aller à Corinthe.

Froncement de sourcils du commissaire, parce qu'à ces braves Suisses il a cru bien faire de parler allemand, et que mes Suisses, n'entendant rien au haut allemand, lui répondent en *schwyzer dütsch*. — « Avez-vous un engagement? » Question captieuse. Si vous répondez non, vous êtes suspect de retomber un jour à la charge des États-Unis, donc indésirable. Si vous répondez oui, que venez-vous faire en Amérique, sinon enlever le travail aux citoyens américains? Indésirable encore. La chose est arrivée à une dactylo qui se vantait, avec une aimable assurance, d'avoir un emploi à New York au service d'une compagnie française. On l'a bel et bien renvoyée. Autre passeport. « Mais, vous êtes né en Afrique. » « Évidemment, je suis né à Oran... L'Algérie, *sir*, est terre française. » Cette fois, le commissaire a le sourire. Il veut bien ne pas me prendre pour un « Africain (noir) », selon la terrible terminologie que le questionnaire officiel nous a révélée. Il paraît que j'ai de la chance de m'en tirer avec un sourire. Il y a peu de temps, un de nos compatriotes, né lui aussi au midi de la Méditerranée, a passé quarante-huit heures à Ellis Island, le temps de prouver que s'il était Africain, il n'était pas noir. La crainte du noir, pour l'Américain, c'est, après la crainte du bolchevik, le commencement de la sagesse.

Ne riez pas de ces anecdotes. Ne croyez point que j'aie gardé rancune à ce commissaire parce que son examen m'a fait manquer le moment le plus dramatique de l'entrée du port et a encore retardé la minute où, ayant suffisamment comprimé les glaces, le navire a pu recevoir la passerelle et nous livrer enfin, corps et biens, à l'œil soupçonneux et aux mains fureteuses des douaniers. Non, ce commissaire était bon enfant... N'a-t-il pas, avec une touchante insistance, essayé de faire entendre, en français, à une dame française peu familière avec l'anglais que, si elle n'avait personne au débarcadère, on l'aiderait, on la mènerait à la gare? L'homme était parfait, c'est le système qui est absurde. A l'obstacle des flots il ajoute des barrières nouvelles ; il veut verrouiller l'entrée de ce pays. Et je pense à ces malheureux des troisièmes qu'on va, tout de go, ramener en arrière à Ellis Island, pour les soumettre à des examens et contre-examens, tout simplement parce que, dans ce pays démocratique, ils ont le malheur d'être des pauvres, trop pauvres pour se payer un voyage en seconde. Et si on les rapatrie, on ne remboursera ni à eux le prix du visa, ni à la compagnie le prix de leur voyage. Ainsi on refuse l'entrée du théâtre, un soir de gala, au monsieur qui n'a pas d'habit. A deux pas, au-dessus de la mer bleue, la statue de Bartholdi, d'un geste auguste, dresse vers le ciel sa torche libératrice.

Je vous le dis en vérité : l'Atlantique s'élargit ; malgré la vapeur, le mazout, les câbles et la T. S. F., l'Atlantique devient un fossé insondable. L'Europe est ici inconnue et méprisée.

Français, nous ne sommes pas plus méprisés que les autres, peut-être moins. Mais on me signale des symptômes graves. Hier soir, dans deux cinémas de New York, on a sifflé l'entrée des troupes françaises à Essen. Quoique le cinéma joue un grand rôle dans la vie publique de ce, pays, il ne faut pas prendre ces incidents au tragique (1).

(1) Ni oublier qu'il y a, dans New-York, un million d'Allemands.

Ils permettent de mesurer le succès de certaines propagandes. Les journaux n'annoncent-ils pas que nous venons de fusiller vingt Allemands, que le général Weygand a échappé à un attentat... Le comble, c'est que l'un d'eux publiait récemment la photographie d'un escadron de nos chasseurs, parfaitement reconnaissables, avec cette légende qui en dit long sur la crédulité populaire : *Les Sénégalais dans la Ruhr!*

Ne fermons pas les yeux à cette vérité : l'Atlantique, en ces derniers temps, s'est démesurément élargi. Comment faire pour le rétrécir?

CHAPÍTRE II

VILLES AMÉRICAINES

Aspects de New-York.

New York, 6-7 mars.

Ce n'est pas tout, pour connaître un peuple, d'écouter et de lire. Il faut voir et regarder.

Me voici en bas de Broadway, en face de Wall street, au centre de ce prodigieux quartier des affaires qui détient, à l'heure qu'il est, la moitié au moins de l'or du monde. Au dixième étage, dans le bureau d'un des directeurs d'une grande banque, à côté d'autres bureaux tous pareils en leur simplicité, portant sur la vitre dépolie le nom de l'occupant. Aux murs, des bibliothèques, et non pas seulement des livres de finance, ou même d'économie politique, mais des livres de géographie, et d'histoire, de psychologie des peuples...

Par la fenêtre, le plus extraordinaire spectacle : la tourmente de neige. Cela est venu ce matin, tout d'un coup, entre le moment très calme où j'ai descendu l'escalier du *subway*, au coin de la 103ᵉ rue, et le moment où l'express souterrain m'a déposé dans Wall street : près d'une douzaine de kilomètres en un peu plus d'un quart d'heure. Sur les marches déjà couvertes d'une blancheur gluante, je suis assailli par un tourbillon non pas de flocons, mais de petites boules dures et violentes, qui me battent le visage. Aux coins des énormes *buildings* —

c'est le quartier des trente, des quarante étages — les courants d'air sont chassés en des sens inverses : les petites boules, deux rideaux ennemis, se heurtent en une danse sauvage. — Des lambeaux de neige sont, tout d'un coup, arrachés des marquises, et jetés en poussière sur le trottoir.

De mon dixième étage, c'est dans un brouillard mobile que j'entrevois les cubes géants, percés de petites fenêtres qui les font ressembler à des dominos, et les tours monstrueuses, sur lesquelles s'érigent tantôt des clochers ou des lanternes, tantôt de pharaonesques pyramides. Autour de ces piliers qui semblent crever le ciel, le vent enroule les spirales d'une écharpe blanche, les déroule, les enroule encore, comme s'il voulait envelopper la tour, la jeter à terre. C'est un spectacle vraiment fantastique, et que nul pinceau ne rendra jamais.

Au milieu de ces gratte-ciel, quelques édifices rappellent que nous sommes dans la partie la plus anciennement habitée de la presqu'île. Là fut Nouvelle-Amsterdam. *Wall street*, la rue du Rempart, ce fut longtemps l'extrême limite de la ville, qui maintenant s'étend à plus de trente-cinq kilomètres de là, sans parler des faubourgs de l'extrême Nord. On découvre à Wall street, entre deux banques colossales, un édifice néo-grec, un temple dorique. Ce n'est pas qu'il soit très ancien : il occupe la place où s'élevait le *Federal Hall;* une statue de Washington rappelle que le héros y prêta serment à la Constitution. Quoique dressé sur un socle d'une vingtaine de marches, ce temple fait l'effet d'un de ces modèles réduits que l'on voit dans nos musées. En face, il y a mieux : une façade grecque positivement collée au bas d'une tour de vingt étages.

Étrange quartier, plus somptueux que la Cité de

Londres, et où se pressent, autour du Stock Exchange, les buréaux de toutes les compagnies de navigation du globe, celles de la Baltique aussi bien que celles du Pacifique. A côté d'un édifice moderne, de proportions par hasard assez harmonieuses, — la Nouvelle Douane, — l'œil entrevoit, à travers le brouillard, les grêles silhouettes des arbres de Battery Park. Nouvel et violent contraste que cette note de nature au milieu de cet amoncellement d'artifices, vrai défi à la nature.

A ma fenêtre montent les rumeurs : le bruit sourd des automobiles, qui roulent presque sans avancer dans des épaisseurs ouatées, et qu'arrête à chaque coin de rue l'impérieux et prudent sifflet des agents ; le tapage trépidant de l'Elevated, de l'*L*, comme on dit ici ; le cri strident des sirènes, car la mer, invisible et cruellement présente sous les espèces de la neige et du vent, est à deux pas, la mer avec ses vaisseaux ; et par-dessous tous ces bruits, la basse continue, obsédante, que chantent toutes les métropoles.

Dans la rue, la neige m'assaille de nouveau ; j'y enfonce jusqu'aux chevilles, elle m'enveloppe, elle me pousse. Aucun service d'enlèvement ne peut commencer à travailler tant que le vent pulvérise la masse fraîchement tombée, qui grossit sans cesse, et ne se tasse pas, de plus en plus épaisse et molle.

Le *subway* me mène à la gare souterraine, aussi fatigante que celle de la Concorde, de Times square. En face, les vingt-six étages de la tour où s'abrite le puissant journal new-yorkais ; une annexe a reçu les services que l'énorme bâtisse ne pouvait plus contenir. En bas, pour que les contrastes soient plus marqués encore, un de ces petits centres de commerce qui tiennent à la fois du bar et du bazar, qui rassemblent en une salle unique ce qui

s'éparpille tout le long de nos passages parisiens : parfu-
merie, papeterie, pâtisserie et confiserie pour les midi-
nettes, si friandes de *candies*, et surtout la précieuse « fon-
taine » de soda sans laquelle l'Américain de la rue ne
saurait concevoir le luxe ; et autour du soda, le café, le thé,
le bouillon, le lait pur. Tout cela entre les bureaux d'abon-
nement et les ascenseurs qui, sans cesse, montent et
descendent ; non pas enfermés en une cage obscure, mais
passant à travers les « offices » où travaillent, sous les
yeux du voyageur ébahi, les rédacteurs, les dactylos, les
collecteurs de fiches... Toute la vie du grand journal —
ailleurs ce sera celle de tel magasin — est là exposée aux
regards, à toute heure, dans une maison ouverte à tous, et
qui n'est même pas de verre. Une armée entière élabore
ces feuilles de trente-deux, de trente-six pages, de cent-
vingt le dimanche, où les annonces vont servir de sup-
port non seulement à la politique et aux nouvelles mon-
daines, mais à une prodigieuse accumulation de pâtures
littéraires, géographico-historiques, artistiques, scienti-
fiques, jetées chaque jour, pour deux ou trois *cents*, à
des millions de lecteurs.

Dans la neige toujours mouvante, je veux arpenter la
Cinquième avenue. J'avoue être peu touché par ces palais
où il y a trop de marbre, par ces magasins où les marchandises s'entassent plus qu'elles ne s'étalent. Mais au
milieu de ces banalités somptueuses, et presque au pied
d'un gratte-ciel, s'allonge la ligne sobre, élégante, d'une
façade Renaissance directement inspirée de la Grèce. Elle
fait un effet un peu piteux sur sa montagne de neige, et
avec la neige sur ses terrasses. N'importe, c'est un repos
pour les yeux, et je suis enchanté d'apprendre que Baedeker la trouve laide. C'est la grande bibliothèque publique, asile de science et d'art élevé par des milliardaires

au centre même du pays des milliards, au point précis où s'arrêtent, sur un signal, les luxueuses automobiles, les taxis jaunes, les autobus et les quelques malheureux chevaux qui, vraiment, commencent à gêner la circulation.

Sous terre, les trains, express ou locaux, roulent toujours. Et à cette heure les quais s'emplissent de masses humaines, dont Paris même n'a pas l'idée. Mais ne croyez pas que des grappes humaines s'accrochent aux portières ; la fermeture automatique, impitoyable et rapide, briserait le bras de l'imprudent qui voudrait violer la consigne (1).

Que pensent ces masses de peuple, disons ces peuples, que le train souterrain, le train aérien, le tramway de surface, l'autobus roulent et roulent en tous sens jusqu'à l'heure où, par les rues étrangement illuminées de réclames multicolores, ils se précipiteront dans les théâtres où tournent les *movies*, les images du cinéma? Quelles sont leurs idées sur la vie, sur le monde, sur l'Europe?

Le grand événement d'hier, c'était celui-ci : un homme, surnommé la « mouche humaine », avait entrepris l'ascension d'un hôtel de Broadway. Vingt étages. Belle affaire, direz-vous? Pas par l'ascenseur, ni par l'escalier. Non, par le dehors, par la façade. Posant ses pieds sur les ressauts de la pierre, s'agrippant des mains aux balcons, aux ferrures, il allait son chemin vers le ciel, d'étage en étage. Et dans Broadway des milliers de personnes en oubliaient l'heure du lunch. Cinquième, sixième étage... La « mouche humaine » est au neuvième, et l'homme, la toute petite

---

(1) De même il est impossible, en toute ville américaine, de se livrer à ce sport bien parisien : monter dans un tramway ou en descendre en dehors des arrêts. La porte ne s'ouvre qu'aux points fixés, même si la voiture est matériellement arrêtée.

figure qu'on aperçoit là-haut, se tourne vers la foule haletante, qui aime les émotions brutales. Il reprend sa marche, il va toucher le dixième... Horreur ! il a lâché prise, il tombe comme une flèche et il y a là, en bas, un petit tas de boue sanglante... Il n'a fait que la moitié de sa tâche.

La police organise un barrage... Des cris, des femmes qui se trouvent mal... Puis les curieux se lassent, se dispersent.

L'heure du lunch est passée depuis longtemps. En hâte, celui-ci court à sa banque, et celle-là vers son magasin. « Harry Young, dira la note de police, 411 Est 142e rue, vingt-cinq ans, dit la Mouche humaine. Escaladait l'hôtel Martinique ; arrêt de circulation, publicité pour un nouveau *movie*. Apparemment saisi par un coup de vent au dixième étage et précipité dans la rue. Crâne fracturé et les deux jambes cassées. »

Ainsi, ce petit tas de boue sanglante, c'était pour les *movies*. On lui avait promis, à Harry Young, cent dollars. Pour le vingtième étage.

Ah ! j'oubliais... Parmi les cris, au moment où l'homme tomba la tête la première, il y eut un cri plus perçant, plus déchirant que les autres. La note de police nous l'explique : « Sa femme, parmi les spectateurs, l'a vu mourir. »

Tout cela pour les *movies*. Cent dollars... Vingt-cinq ans... Une femme... Une voiture d'ambulance... Puis la circulation, arrêtée, reprend. Trompes d'automobiles, sifflets d'agents... c'est Broadway, 32e rue... Ce matin la neige aura lavé le sang.

Jours de printemps à New York.

New York, mai.

Il faut voir les villes, comme les paysages, en des saisons diverses. Les villes aussi ont leur rythme de vie.

New York l'hiver, sous les tourbillons de neige, c'est la formidable machine qui, à la manière d'une gigantesque meule, broie tout ce que lui envoie le monde. Dure, sinistre impression.

Revenez-y maintenant. Promenez-vous, dans la splendeur matinale d'un ciel qu'on dirait du Midi, le long de l'Hudson. Sur près de cinq kilomètres, un parc — un vrai parc verdoyant, ombragé, fleuri — borde le fleuve. C'est *Riverside Drive*, la « chaussée du bord de l'eau ». D'un côté, de belles demeures, maisons de hauteur modérée ou somptueux hôtels, devant lesquels s'étalent des pelouses ; de l'autre, en bas des berges où les grands arbres entourent de leurs racines les blocs usés de granit, la large, la profonde rivière, toute bleue, où reposent à l'aise des navires de mer, des torpilleurs, des croiseurs : on y fait tenir parfois, me dit-on, toute la flotte des États-Unis. Un incessant mouvement, de petits vapeurs qui vont d'une rive à l'autre, anime ces eaux majestueuses. Ici Fulton lança son premier esquif. Et, à côté des navires à turbines les plus modernes, on y voit encore les vieux vapeurs à aubes, mus par une machine à balancier ! En face, nettement découpée dans l'azur, se dresse, toute droite, la côte du New Jersey.

La falaise en est si escarpée que l'on n'y a, pour ainsi dire, pas construit. Les maisons s'érigent là-haut, sur le plateau. Quelques usines en bas, mais qui n'arrivent pas à troubler l'atmosphère lumineuse. Entre deux, la pente verdissante. — Arrêtez-vous sur le promontoire où une coupole d'un sobre et viril dessin célèbre la mémoire du général Grant, près des vieux canons sur lesquels les pommiers laissent tomber leur neige odorante, au milieu des enfants qui jouent — et, à moins d'être atteint d'un incurable snobisme européen, vous sentirez la souveraine beauté du lieu. *Riverside Drive* peut supporter la comparaison avec les plus célèbres perspectives urbaines du vieux monde. De la chaussée jusqu'à la rive s'étagent quatre ou cinq « Cours-la-Reine » superposés.

Je ne vous promets pas une égale sensation d'art quand vous traverserez le Parc central. Assurément ce fut une grande idée que d'ouvrir, au cœur même de ce désert de pierres, de briques et de fer, une oasis de verdure, longue de près d'une lieue, large de près d'un kilomètre. Pas de tramways ni d'*elevated;* pas d'autres voitures que les automobiles des promeneurs qui tournoient sur des pistes goudronnées ; des rochers, jadis polis par les glaciers, des réservoirs auxquels on a donné l'aspect de pièces d'eau ; des belvédères sur les hauteurs ; de la paix surtout, du calme, des familles, des enfants. Celui-ci, un morceau de craie à la main, trace sur l'asphalte des poésies allemandes. A cet autre, sa jeune mère parle en un pur français... Mais les arbres ne sont pas assez hauts, ni assez serrés ; il n'y a pas de ces fourrés, de ces broussailles qui donnent à certains coins de notre Bois de Boulogne des airs de mystère. On admire ; on n'éprouve pas le besoin de s'égarer, de s'arrêter sous les ramures.

Descendons au bas de la ville — si loin que le voyage égale celui de Saint-Cloud à Vincennes. Asseyons-nous sur un des bancs de Battery Park. Le « parc » lui-même est un square sans beauté : maigres pelouses entourées de grilles ; une rotonde rouge, vieux fort, puis théâtre, qui abrite maintenant l'aquarium ; quelques pontons et magasins des compagnies de navigation ; et, passant au-dessus de tout, les ferrures de l'*Elevated*. Le dimanche, on y voit grouiller toute la population des quartiers de l'Est, Italiens, Juifs de l'Europe orientale, Levantins et Jaunes ; les gamins, sordides et tapageurs, y forment des groupes dignes de Murillo, cependant que le nègre, posant à terre sa boîte sale, sollicite impérieusement l'honneur de cirer vos chaussures : *Shine, sir!*

N'importe. Ce parc est à l'extrême pointe de la presqu'île de Manhattan, au point même où abordèrent les fondateurs de la Nouvelle-Amsterdam. L'Océan est là, et les deux côtes qui enserrent la baie, et les îles. Marseille, Naples, on évoque malgré soi les belles « marines » de la mer latine. Et l'on s'étonne à peine d'entendre un grand-père dire à sa petite-fille, en lui montrant la statue de Bartholdi : *Guardi la Madonna, com'è bella!* O Liberté, que dit ton nom sacré à ces échappés du vieux monde? O problèmes angoissants de l'immigration !

Surtout, on jouit de voir, sur la mer calme, aux tons de turquoise liquide, le glissement ininterrompu des bateaux : les fins voiliers, qui rappellent le temps où l'Amérique fut la patrie des hardis et rapides *clippers;* les petits vapeurs qui mènent les promeneurs aux îles ; les masses imposantes des transatlantiques entrant en rade sous le vol des mouettes. Et surtout. les grands bacs, traînés par des remorqueurs, et qui, d'une rive à l'autre, portent sans arrêt des trains entiers. C'est une chose étrange que ces longues masses rougeâtres qui, en tous sens, marchent ainsi sur les eaux.

Montez vous-même sur un des bateaux qui, chaque demi-heure, font le service de l'île de la Liberté. Ou mieux, embarquez-vous, au lieu de prendre le banal chemin de

fer, sur l'un des navires qui relient New York à la Nouvelle-Angleterre, à Providence ou à Boston. Comme ils
sont amarrés à l'Ouest, dans l'Hudson, et qu'ils pénètrent
ensuite dans la rivière de l'Est, vous aurez l'avantage de
doubler la pointe, de voir de la mer New York même, et
d'en faire le tour.

Là encore, sachons regarder avec des yeux non prévenus, et confessons que cela est beau. Même les odieux
gratte-ciel prennent ici l'aspect féerique d'architectures
aériennes ; c'est un entassement de Babylones ; et, comme
au temps où les pâtres de Chaldée dressaient vers les
étoiles l'orgueil de leurs tours, c'est aussi une splendide
affirmation du vouloir humain. Ces terrasses en retrait
les unes sur les autres, ces flèches légères avec leurs quarante étages, elles semblent posées là, comme des *amers*,
pour guider les navigateurs vers l'une des capitales du
monde.

Je sais la vérité. Je sais qu'à deux pas, le *Bowling green*,
le petit carré de verdure où la statue d'un Hollandais
marque la place même où naquit la ville, maintenant
c'est un vrai puits sans soleil, une sorte de caverne dantesque ceinte d'infranchissables murailles. Je sais que,
sur cette place, le beau monument de la Douane, qui
passerait ailleurs pour grandiose, est écrasé sous le poids
des cubes de béton, que percent d'infinies fenêtres... Je
sais qu'à neuf heures du matin, en plein été, une buée
bleuâtre, impénétrable à la lumière, emplit les rues de ce
quartier mort qui, tout à l'heure, va bouillonner d'une
vie tumultueuse. Je le sais, mais, de la mer, je ne le sens
plus, et je n'en veux même pas à cette tour neuve que
l'on édifie sur l'une des terrasses : figurez-vous, à la hauteur du vingtième étage, une cage de fer, immense volière
attendant de fabuleux oiseaux, qui n'a encore ni plan-

chers, ni parois. Aux barreaux perdus dans le ciel s'accroche la grêle silhouette des grues d'acier... On dirait l'un de ces jouets qui sont aujourd'hui en faveur chez nos garçons. Irrésistiblement, on pense à des jouets devant ces immensités.

Le bateau tourne, et passe sous les ponts de Brooklyn. Tout là-haut, à plus de quarante mètres au-dessus de nous, roulent les trains, les trams, les autos. Encore des jouets. Ce sont, à n'en pas douter, des joujoux mécaniques, et les piétons qui circulent sur le tablier, et l'homme qui, du milieu du pont, nous signale la route à suivre, je vous assure qu'ils sortent de quelque boîte de Nuremberg.

Nous cheminons ainsi, entre les docks de la rive new-yorkaise et les immenses usines de Brooklyn, moulins, usines électriques, forges, énormes chantiers de constructions navales. Puis les ponts succèdent aux ponts, tous portés à des hauteurs vertigineuses par des faisceaux de fils d'araignée. Les eaux se heurtent à des îles rocheuses où l'on a construit des casernes, des prisons, des hôpitaux, des sanatoriums, où s'allongent des terrains de jeux. Peu à peu, la rivière s'élargit en bras de mer ; les verdures de Long Island remplacent les étouffantes architectures ; des saules argentés, des ormes se mirent dans les eaux ; on se croirait en Hollande, mais dans une Hollande plus accidentée, car les villas, assises au sommet de la colline, laissent descendre jusqu'au bord du flot la robe verdoyante de leurs pelouses...

Terre variée, changeante, attachante, dont j'essaie de dire, comme je le sens, le bien et le mal — de la terre et aussi des hommes. Au reste, si l'Américain se cabre devant la plaisanterie acide de l'Européen qui ne veut pas comprendre, de plus en plus nombreux sont ici les hommes qui vous savent gré d'une franche critique, impartiale et nuancée de sympathie. Les intelligences de ce pays commencent à être écœurées de la fadeur de certaines littératures, continûment et éperdument laudatrices. L'éloquence continue ennuie ; la louange perpétuelle fatigue. Sachons voir et dire l'Amérique telle qu'elle est, avec ses beautés et ses tares. Ni la « blague » boulevardière, ni le dithyrambe ne peuvent nous aider à la pénétrer.

La révélation de Chicago.

Chicago, 13 avril.

Cette fois m'y voici, en Amérique.

Vingt-deux heures environ depuis Boston, et par l'un des trains américains les plus rapides, qui répond au nom prometteur de *Vingtième siècle*. Je devrais dire vingt-trois heures, puisque j'ai dû retarder ma montre de soixante minutes.

Que c'est loin de l'Europe ! Je le sentais déjà le soir, en passant par Syracuse. Assez jolie ville d'ailleurs, aux rues bien dessinées, et éclairées avec goût. Mais quelle étrangeté que cette voie ferrée qui traverse la ville à la façon d'un tramway, sans barrières d'aucune sorte, le train longeant les stations d'autos et risquant de renverser les vastes cylindres de fer blanc qui servent de boîtes à ordures. Nous manœuvrons longuement en pleine rue, refoulant le wagon-restaurant sur une voie de garage. Pas d'autre protection que des employés, postés aux carrefours avec des lanternes rouges. Dans une grande et belle voie perpendiculaire à celle que nous empruntons, la file des autos grossit, attendant que nous ayons fini. Imaginez-vous, toutes proportions gardées, la rue de Castiglione pendant qu'un train rapide circulerait rue de Rivoli. Syracuse, que cela rappelle peu la Grande-Grèce !

Au matin, je me réveille dans l'Ouest. L'Ouest, c'est la plaine. Non pas précisément la plaine plate, mais plutôt le sol ondulé, bosselé de mamelons surbaissés, creusé de dépressions molles. Surtout, le sol nu. Il y eut ici des arbres, aux temps préhistoriques de la Prairie — voici tantôt cinquante ou soixante ans — car on en voit encore par endroits les troncs sauvagement coupés, et même quelques rideaux de forêts apparaissent à l'horizon. Mais, dans l'ensemble, ces grandes croupes dénudées ont la désespérante monotonie des terres à blé ou à maïs. Les débris de la dernière récolte jonchent encore le sol. Car en ce pays qui n'a pas besoin d'épargner, aucune Ruth ne passe en glanant derrière la moissonneuse-lieuse, le *harvester* d'un moderne Booz.

Mais voici des arbres. Oui, des arbres fruitiers, surtout des pommiers, alignés en vergers sur de vastes espaces. Ni fleurs, ni feuilles, en cette saison extraordinairement tardive, à la veille d'une nouvelle tempête de neige, 13 avril.

Le sol devient plus mouvementé. Nous traversons une immense sablière, une sablière large comme la Beauce. Les eaux, qui, tout à l'heure, s'accumulaient dans les fonds de cette plaine aux reliefs indécis, ont maintenant disparu. La végétation (plantes sèches et rudes, quelques pins) rappelle celle des côtes flamandes. On se croirait dans des dunes, les dunes d'un océan disparu.

C'est dans ce paysage sans grâce que nous avons la première révélation de Chicago.

Des voies, des voies, des voies ! L'éventail s'élargit, s'élargit encore, à perte de vue. En aucun lieu du monde il n'y a autant de rails, et si peu serrés. La place ne coûtait rien ; on n'a pas ménagé les intervalles. Et sur la plaine s'alignent des myriades de wagons, les *Pullman-cars* dont

chacun porte bizarrement un nom sur sa lourde panse —
Mithras, Harte, Tephon ou Rosalinde — les wagons à
charbon, disposés pour faire basculer leur charge dans les
bateaux ou dans les cours d'usine. Il y a là, je crois, dor-
mant sur ces voies, autant de charbon que l'Allemagne
nous en livre en un an, et qui vient de Pennsylvanie, de
l'Ohio, de Virginie, du Nord-Ouest ; demain, dit-on, il
en viendra de l'Alaska. Puis des wagons blancs, des trains
entiers de wagons blancs, wagons réfrigérateurs qui trans-
portent le lait et les produits de ferme. Wagons jaunes,
trains entiers de wagons jaunes ; ce sont les porteurs de
fruits, chacun avec le nom de la société auquel il appartient. Wagons-tanks des compagnies pétrolières de l'Oklahoma ou de la Pensylvanie. Enfin la masse des wagons
rouges qui servent au commun des marchandises. C'est
une gare de triage planétaire.

A droite, à gauche — à droite surtout, parce que c'est
le côté du lac — un formidable entassement de char-
pentes métalliques, de ponts roulants qui travaillent sous
le ciel gris, un enchevêtrement d'acier. Une bande calcaire
apparaît-elle dans le sable? Aussitôt des cimenteries,
vastes comme le sont les usines d'Essen, dressent vers
les nuages leurs batteries de dix, de douze cheminées. La
fumée lourde et visqueuse envahit l'atmosphère. Nous
passons devant une fabrique de tubes. Par l'énorme porte
du hall, largement ouverte, la flamme de la fournaise
s'échappe à l'air libre, poussée par un vent formidable,
semant des lueurs sinistres d'incendie, retombant en
gerbes d'étincelles. La flamme d'un chalumeau qui serait
manié par des géants.

Tout d'un coup, par-dessus les voies, on aperçoit le
lac, le Michigan. C'est une étendue vert-jaunâtre, qui se
perd là-bas dans une brume aux reflets de nacre. C'est

une mer comme sont, en un jour mauvais, nos mers du Nord. Sous le tournoiement des pétrels, contre les rochers qu'on a dressés sur le rivage, elle renouvelle sans cesse l'assaut de ses vagues écumantes. Et sur les eaux traînent toujours ces fumées lourdes, jaunes, que l'on sent visqueuses.

Le lac disparaît. Nous traversons des quartiers qui naissent ou vont naître ; le long des rues garnies de leurs trottoirs, les terre-pleins ne portent encore que de rares maisons, tantôt de bois, tantôt de briques. Elles se serrent ; elles nous présentent leur dos, et cela n'est pas beau. Pauvres demeures lépreuses dont les bardeaux pourris ne sont pas remplacés, dont les balcons et les escaliers extérieurs sont usés — déjà usés — et branlants. On pense à la petite maison où le romancier Upton Sinclair a placé de misérables paysans lithuaniens, perdus en cette ville monstrueuse comme des animaux paisibles dans la jungle où rôdent les fauves.

Pauvres gens, venus de tous les coins du monde, comment vivent-ils? On a beau lire les belles statistiques publiées par les services municipaux, la brochure distribuée gratuitement, où un maire qui s'entendait en matière de réclame vantait les résultats obtenus par son administration : l'eau pure, le lait pur, l'hygiène répandue à flots... (1). On se dit qu'en ces cités américaines, où il est très vrai que les services d'hygiène sont supérieurement organisés, les épidémies ont une violence, une généralité que notre Europe ne connaît plus. Que de misères humaines, de toute race, de toute couleur, venues de quels climats?

Voici une heure que la machine nous conduit à travers

(1) Le maire n'a cependant pas été réélu.

Chicago sans que nous soyons encore arrivés à la gare qui porte le nom de notre compatriote La Salle, le découvreur des routes entre l'Illinois et le Mississipi. Encore cette gare n'est-elle pas au milieu de la ville ; des quartiers aussi longs s'étendent vers le Nord, de plus longs encore vers l'Ouest. Il y a cinq ou six autres gares dans Chicago.

Que de temps, maintenant, pour sortir de cette gare colossale ? Dans la cour basse où arrivent à toute vitesse les taxis jaunes, c'est un encombrement, un tapage d'enfer. Pendant un quart d'heure ma voiture trépide sur place. Elle n'ira guère plus vite dans la rue, où l'impérieux sifflet des agents la fera stopper à chaque coin. La police américaine s'entend comme personne à organiser l'arrêt de la circulation.

Car il est arrivé ceci : à force de multiplier les engins de communication ultra-rapide, on a, par l'engorgement, empêché la rapidité. Le progrès, à force de s'exagérer, se retourne contre lui-même et le meilleur moyen pour aller lentement, c'est d'être en automobile. Chacun, bientôt, aura la sienne. Mais qu'importe, si la vitesse a tué la vitesse.

Ajoutons qu'on passe par des rues obscures en plein midi : le tablier de l'Elevated recouvre la chaussée entière, déborde sur les trottoirs. Comme en cette fantaisie de Wells où les hommes, redevenus des animaux des cavernes, ont fini par vivre à l'abri de l'air extérieur et de la lumière du jour, les habitants de ces rues étranges circulent dans de demi-ténèbres, sous le perpétuel fracas des ferrailles roulantes.

C'est Chicago. C'est, décidément, l'Amérique.

Chicago, reine des cités.

Chicago, 14 avril.

Chicago est un phénomène spécifiquement américain. Boston la puritaine, New York, qui fut d'abord une Nieuw-Amsterdam, la Phidalphie des quakers, la Baltimore des lords planteurs de tabac, ces cités se perdent, à côté de Chicago, dans la nuit du moyen âge.

Il y a cent ans, il y avait, au milieu des marais aujourd'hui transformés en parcs, tout juste un fort élevé par les États-Unis — la toute petite Confédération de ces temps lointains — pour défendre contre les Peaux-Rouges la route de l'Ouest. La petite garnison avait même été massacrée en 1812, et il avait fallu reconstruire le fort deux ans après, juste un siècle avant l'explosion de la grande guerre. Au temps où Louis-Philippe devenait roi des Français, le village de Chicago comptait cent habitants. En 1837, il était promu au rang de cité, car il avait dépassé 4 000 âmes. En cette année 1837, Boston comptait déjà ses siècles par deux, Paris ou Londres par près de deux dizaines. En 1860, la ville-champignon dépassait la centaine de mille, à une date où les villes de ce volume étaient rares encore, 300 000 en 1870. Le terrible incendie de 1871 n'arrête pas cette croissance ; au contraire, il en précipite les étapes. Le premier million est dépassé en 1890, le deuxième en 1907. Nous sommes au troisième. Dans les huit dernières années, Chicago a gagné plus de 400 000 âmes, les quatre cinquièmes de la population de Lyon.

Chicago entend bien n'en pas rester là. Son rêve, à l'heure actuelle, c'est de battre New York. Ce qu'il faudrait, et cela suffirait, c'est un canal à grande section qui mettrait en communication le lac Michigan et l'Atlantique, amenant les grands navires au lieu où les Peaux-Rouges détruisirent le fort en 1812. On comprend que New York, investi d'une sorte de monopole du commerce des États-Unis avec l'Europe, ne soit pas très chaud pour ce projet. Mais Chicago tiendra bon. Il ne faut même pas presser beaucoup ses habitants pour leur faire dire que leur ville, la plus jeune des grandes villes du monde, doit en devenir la plus grande.

Très sérieusement, il y a trois jours, le professeur de géologie à l'Université enseignait, dans une conférence, que si les glaciers canadiens, il y a des milliers et des milliers d'années, ont raboté le sol de la prairie, s'ils ont laissé comme un témoin, en se retirant, le lac Michigan, c'était afin de marquer la place où s'élèverait la cité-reine. Les sorcières des temps glaciaires ont dit : « Chicago, tu seras roi. » Peu d'habitants de la ville qui n'en soient persuadés. Chicago est, pour eux, un décret de la Providence, s'ils sont religieux, une volonté de la nature, s'ils sont incroyants.

Car il est, si bizarre que cela nous semble, un patriotisme chicagoan. De notre côté de l'Océan, le patriotisme, même municipal, est une œuvre où le temps collabore. Mais déjà des poètes, en des vers d'un lyrisme éperdu, ont chanté la beauté de Chicago, crié leur amour pour cet amas de briques, de fer et de béton, pour ces palais à vingt ou trente étages, pour ces murailles neuves plaquées de marbre, pour ces parcs où n'errent, le soir, les ombres d'aucun passé.

Mère, mère et reine, belle, forte et vigilante...

Phénomène, avons-nous dit, spécifiquement américain... Et pourtant nous pourrions dire, tout aussi bien : Chicago, c'est une Amérique sans Américains. Pas un habitant sur douze qui soit né de parents nés eux-mêmes sur le territoire de l'Union. Lorsque, devant des Américains de vieille souche, on parle de l'esprit de Chicago, la réponse est facile : Chicago n'est pas une ville américaine.

Comment, de quelle chair, l'étrange cité s'est-elle faite? Il y a ici plus de Tchèques et de Slovaques que dans nulle ville au monde en dehors de Prague, et l'on dit que c'est la troisième des villes suédoises, la troisième des villes norvégiennes, la quatrième des villes polonaises, la cinquième des villes allemandes. On y parle quarante idiomes dont dix ont leurs journaux. L'italien résonne sur les lèvres du personnel dans le couloir de mon hôtel. Hier on me contait un conflit domestique qu'il avait fallu trancher, dans un club, entre un garçon lithuanien et deux servantes polonaises : voyez-vous la guerre de Vilna recommençant de la cuisine à l'office? Aujourd'hui, je visitais les fameux *stockyards*. Je voyais, maniant le couteau et piétinant dans le sang, des Chinois, des nègres et des faces sinistres d'Indiens du Mexique. Parmi les femmes innombrables qui rangent les viandes en de petites boîtes de fer blanc, je pouvais dénombrer sans peine les Slaves sémillantes, les Irlandaises aux rouges tignasses, les négresses, les mulâtresses de toute nuance à la bouche lippue, et aussi quelques squaws, sœurs d'Atala. Et parmi les visiteurs, je démêlais moins d'Américains pur-sang que d'Allemandes à peine transformées, des Levantins et jusqu'à des Turcs. Une usine de Chicago, ou même une banquette de l'*Elevated* à midi, c'est un musée ethnographique. La rue est un musée d'architecture.

J'avoue que cet amoncellement de choses neuves n'est pas sans quelque beauté. Malheureusement, les auteurs du plan ont laissé échapper, pour l'éternité, l'occasion de faire de l'avenue du Michigan une des choses les plus

réussies d'Amérique. S'ils avaient mis cette avenue au
bord du flot, avec une vue continue sur le lac aux eaux
verdâtres, même les gratte-ciel auraient eu leur excuse :
vus du large, ils auraient rappelé ceux de New York. Mais
l'avenue est séparée du lac par un fouillis de voies ferrées,
de magasins, de fumées. Or Chicago, toute plate, ne pouvait pas, comme Alger, se payer le luxe d'installer ses
architectures sur le toit de ses entrepôts. C'est seulement
vers le sud qu'on a ménagé un immense terre-plein, où,
pour l'instant, le Musée d'histoire naturelle — un Erech-
theion gigantesque — se dresse tout seul en un désert de
boue On essaie ainsi, à l'est des voies et des docks, de
construire, par des emprises sur le lac, un nouveau Chicago, le Chicago qui sera au bord de l'eau.

Le grand boulevard continue à travers l'océan des
bâtisses, uniformément large, bordé de rectangles de
gazon que bordent elles-mêmes des contre-allées. Un Ber-
linois pourrait se croire à Charlottenbourg. Pourquoi faut-
il, qu'en traversant ces parcs sans différences de niveau,
sans perspectives, je pense au Thiergarten?

C'est dans ces parcs que la munificence de Rockfeller
et de ses émules a bâti, à coups de dollars, la grande université de l'Ouest. Monuments gothiques — bizarre imi-
tation de l'Angleterre médiévale — bibliothèque à l'allure
de château-fort, laboratoires, *dormitories* pour les étudiants de l'un et de l'autre sexe, tennis, terrains de jeux, de
la place pour construire encore et, en face, derrière une
avenue, un second espace où l'on pourra bâtir deux fois
autant de palais. Cependant circulent dans les allées les
jeunes athlètes et les jeunes filles en cheveux, les bras
chargés de livres. Des créatures heureuses de vivre.

Que pense la ville immense? Que pense-t-elle de nous,
de l'Europe? Au matin, dans le wagon-restaurant, on m'a

remis, avec la bouillie d'avoine et le café, un journal de Hearst et aussi ce journal de Mac Cormick, plus perfide que ceux de Hearst, la *Chicago Tribune,* qui passe en France pour un journal très parisien. « L'Europe est folle... C'est un *bedlam* (traduisez un Charenton). Ne vous occupez pas de ces gens-là. Au lieu de venir nous prêcher à nous, Américains, l'Évangile de la Ligue des nations, lord Robert Cecil ferait bien mieux de prêcher l'Europe, de la convertir aux idées de paix, de travail, *d'efficiency,* de l'Amérique. Attendez, pour y rentrer, que l'Europe ne dépense plus pour ses armées l'argent qu'elle nous doit. » Ajoutez : et attendez qu'elle nous achète de la farine et du lard. Ainsi parla William R. Hearst.

Hier encore, dans ce même journal, l'oncle Sam, en posture d'instituteur devant le tableau noir, expliquait doctement et rudement à une délégation d'amis de la Ligue que l'Amérique seule était, partout et toujours, au service de l'humanité. Et les défenseurs de la Ligue s'en retournaient tout penauds... Voilà de quelles images, et de quelles idées, Hearst nourrit le peuple de l'Ouest. Voilà de quelle matière, de quel orgueil et de quel égoïsme satisfait il essaie de pétrir le patriotisme nouveau de la grande métropole (1).

Y réussit-il? Une chose certaine, c'est qu'il a « fait » les dernières élections municipales, contre le maire qui disait pourtant de si belles choses en ses brochures de propagande. La nouvelle municipalité est l'œuvre de Hearst, et il y a des gens, parmi les démocrates de l'Ouest, pour poser sa candidature à la présidence des États-Unis.

(1) Un seul journal de Chicago est vraiment dévoué à notre cause, c'est l'*Evening Post.*

La philosophie d'un abattoir.   Chicago, avril.

Non, je ne serai pas le mille et deuxième à décrire les *stockyards* de Chicago. On nous a trop promenés dans Packingtown. On nous a trop montré l'immense champ de foire, avec ses parcs clôturés de bois où s'entassent les bestiaux, avec ses ponts couverts, en bois aussi, dont les plans inclinés chevauchent les étables pour mener les victimes dans les usines à huit étages. On nous a trop voiturés, après des kilomètres d'*elevated* express, dans le petit *elevated* local — sorte de tortillard aérien — qui permet d'embrasser d'un coup d'œil ce vaste damier, et dont les stations portent bizarrement des noms de sociétés : *Armour, Swift, Libby...*

Ce que je voudrais, c'est dégager l'idée qui plane sur cette grande tuerie. Cette idée c'est que, si l'on gaspille tout en Amérique, il est du moins une chose qu'on y ménage : à savoir, la main-d'œuvre humaine. Packing-town, c'est le miracle de la mécanique.

Cela commença de bonne heure. Vers 1860, dans l'Est, en plein Massachusets, une homme eut l'idée, au lieu de charger à la vieille mode d'Europe un bœuf sur ses épaules, de le suspendre à une roue — une vulgaire roue de bois, une grosse roue de charron montée sur un arbre de couche et actionnée par des cordes. Il était ainsi, le bœuf, plus facile à dépouiller, à dépecer, à nettoyer. On conserve cette roue, comme une pièce de musée, dans l'énorme usine de Chicago où les descendants de cet ancêtre traitent deux cent cinquante bœufs à l'heure — sans parler des moindres pécores.

Quelqu'un a dit : « Vous mettez un cochon à l'entrée.

Une demi-heure plus tard, à la sortie, on vous livre des saucisses et du jambon fumé. » Au vrai, pour retourner le mot de Mark Twain, il n'y a là qu'une très légère exagération. A partir du moment où le porc est entré dans le fatal couloir — deux planches — il appartient à la machine. L'homme n'est pas absent, mais il est rare : et il est presque immobile. Jamais il ne suit l'animal dans les cycles de son évolution. Le premier des ouvriers, le gardien du couloir, accroche un pied de derrière du cochon — pour un cochon, un seul pied suffit — à la dent d'un disque vertical. Le disque tourne ; quand le pied est en haut de sa course, il se meut le long d'une chaîne, et l'animal vient tout bonnement présenter sa tête —.tête en bas — au poignard de l'exécuteur. Un simple coup, à peine quelques gouttes de sang... et les déchirantes lamentations de la pauvre bête cessent en une seconde. A un autre !

La chaîne, porteuse du cadavre, passe, comme un trolley, sur une sorte de rail conducteur qui, vingt fois replié, va conduire sa charge à travers la vaste halle. L'homme ne la touchera plus, cette charge, il n'aura pas à la transporter ; c'est elle qui viendra désormais s'offrir à lui. Le cochon, ou plutôt des dizaines, des centaines de cochons pareils, tous pendus par un pied de derrière, tous animés d'un même mouvement, une sorte de dandinement dont la lente cadence est savamment calculée, vont ainsi défiler en lignes presque parallèles, marionnettes grotesques et pitoyables. A chaque détour du rail, un homme est là, debout et paisible, qui accomplit le même geste, sauvagement rituel. Celui-ci, de son couteau acéré, fait simplement les entailles qui permettront de détacher la peau ; cet autre l'enlève ; un troisième fend la bête du haut en bas, comme un chevalier de la Table Ronde tranchait en deux le corps d'un païen ; le suivant arrache les entrailles, qui tombent dans un bac ; un autre détache la tête. Tout cela, je le répète, sans se déplacer. Ce n'est jamais l'homme qui va vers son travail ; c'est le travail qui vient à l'homme. Seulement, à mesure qu'elles avancent en se trémoussant, les marionnettes deviennent plus nues ; elles ressemblent de moins en moins à des animaux, de plus en plus à des pièces de viande. Jusqu'à ce que — une demi-heure après le dernier grognement — elles arrivent, propres et roses, dans la chambre froide.

En route, rien ne leur aura manqué, ni le flambage par les soins de l'ouvrier qui manie un lance-flamme à gaz comme on en vit dans les tranchées, ni la cérémonie de l'ébouillantage, ni l'examen que leur fait subir l'inspecteur fédéral des viandes. Lui non plus, le bon vieux nègre à lunettes, il n'a pas à se déranger : c'est tout spontanément, de son petit mouvement de bourgeois en promenade, que le porc éventré viendra lui présenter sa carcasse, et recevoir, j'allais dire : solliciter l'estampille.

Elles sont là, les carcasses, un millier dans la chambre froide, accrochées par les pieds, et sans têtes. Les crochets qui servaient à les conduire sont alors lancés d'une main sûre — l'invisible main du courant électrique — à l'autre extrémité de la salle, tout là-bas, où le tueur de porcs attend ses nouvelles victimes. Même pour transporter cet attirail, l'homme n'a pas à bouger.

Mais vous n'aurez pas si vite que cela vos saucisses. Après le refroidissoir, ce sera la chambre à découper. La carcasse, ou plutôt la demi-carcasse, monte d'elle-même à un étage supérieur. Elle tombe sur un ruban d'acier, ruban qui tourne sans cesse, comme un trottoir roulant. Trois hommes seulement sont là, dont deux — à droite et à gauche — armés de terribles coutelas : un coup sur la cuisse, et elle tombe dans une trémie ; un autre coup à la naissance de l'épaule, et c'est la chute dans une autre trémie. Quant au tronc, porteur du lard des savoureux *breakfasts*, un homme muni d'un couteau demi-circulaire à double manche de bois en détaché d'une seule secousse la colonne vertébrale. Et le morceau désossé roule en une troisième trémie.

Ils s'en vont, tous trois — jambon, épaule et demi-tronc — à la chambre à fumer. Et ils y marineront long-temps dans une solution aromatique à l'eau sucrée. Nous ne les reverrons plus que recouverts d'une belle peau brune, tannée et grasse, marquée du nom de la maison. Les plaques de lard reparaîtront sur une sorte de train de laminage. Avant de les laisser s'engager sur les cylindres mouvants, un homme les pique de quatre coups d'un couteau pointu, et porte vivement la pointe à son nez. Pourquoi? Pour sentir. Si l'odeur est défectueuse, la pièce sera condamnée. Si elle poursuit son chemin, elle deviendra la proie des femmes. Armées de papiers qu'une autre machine découpe et leur présente, elles empaquete-ront deux fois le précieux *bacon* — sans le toucher. Pas davantage, en dessous, à l'usine des sous-produits, les ouvrières ne toucheront en l'empaquetant le morceau de margarine. La propreté des opérations est rigoureuse.

L'histoire du porc est répétée par le mouton. Celle du bœuf est plus compliquée, et l'homme y tient tout de même plus de place. La mort est plus laide. Le coup asséné par un maillet sur la tête étourdit le puissant animal sans le tuer. Quand une trappe le fait basculer du couloir dans la salle, il est pantelant encore, et ce n'est pas sans peine que l'homme l'accroche — par les deux pieds, celui-là. Un ruisseau gicle de son artère... Mais après, les moitiés de bœuf s'en vont aussi, en procession, le long du rail qui tournoie... Une demi-heure aussi pour l'opération complète, deux cent cinquante à l'heure.

Dans cette boue sanglante, à l'odeur écœurante, piétinent des hommes étranges, aux tabliers de cuir, aux coiffures de cuir ou de caoutchouc : on se demande à tout instant s'ils ne vont pas glisser, tomber sur ces dalles visqueuses...

Ne vous inquiétez pas de voir ce fleuve rouge. De lui-même, par des rigoles, il descend à l'usine des sous-produits où l'on va en faire, quoi? De l'engrais pour la terre, de la nourriture pour d'autres bestiaux, jusqu'à des produits à détacher. Rien ne se perd. Et, dans la halle sanglante, les viscères tombent dans d'énormes marmites roulantes, cependant que, sur un chariot, un ouvrier saisit une serpillière, en nettoie le demi-bœuf qui passe, et la jette dans une cuve bouillante où elle va se lessiver. Sans un moment de répit, sans un à-coup, sans un arrêt, l'immense chose marche avec ses rouages humains et ses rouages d'acier, mais les uns ne changent presque pas plus de place que les autres.

Si nous passons à la fabrication des conserves, même rareté de l'homme. Un grand tube vomit du hachis, infatigablement ; du récipient tournant où il tombe, des tubes plus petits le font descendre dans des boîtes rondes. Aussitôt pleines, elles grimpent toutes seules, ces boîtes, les échelons d'une échelle mouvante ; elles passent sous une pile de couvercles de fer blanc, et chacune de recevoir son chapeau, enfoncé par la presse. L'homme n'est là que pour les guider, les empêcher d'aller trop vite, puis les laisser courir, toutes seules toujours, vers la forge à souder — automatique — d'où elles descendront, toutes seules encore, aux autoclaves. Bien sagement elles vont, à la queue leu-leu.

Les choses ont bien changé depuis le temps où Upton Sinclair découvrait dans les boîtes de conserves des choses sans nom, des débris de chair humaine, et jusqu'à des doigts d'enfant. S'il y a du cannibalisme à Packingtown, c'est celui des malheureux bestiaux que l'on nourrit avec les sous-produits de leurs frères, avec la farine de sang. Mais les boîtes, personne n'y entre le doigt, sauf, dans les boîtes de saucisses, la contrôleuse qui en vérifie le contenu au passage.

Ces boîtes elles-mêmes sont faites à l'usine, mécaniquement. Une dent d'acier happe la plaque de fer blanc, y découpe les disques du fond ; un cylindre roule les boîtes ; le fond s'y ajuste, se soude et, au bout du chemin, la négresse n'a plus qu'à pousser les boîtes dans les caisses.

Oui, il y a dans ce spectacle étrange une philosophie. La seule richesse qui soit rare, aux États-Unis, c'est l'homme. Les lois sur l'immigration la rendent plus rare encore, et plus chère. Aussi faut-il lui faire donner son maximum de rendement, en lui imposant un minimum de fatigue. Voilà pourquoi ces femmes qui, d'une main alerte, dirigent les boîtes dans les glissières, gardent, sous leurs vêtements d'ateliers et sous le bonnet protecteur (1), un air de santé et d'élégance. Elles vont, tout à l'heure, aller au restaurant où l'usine fournira, à mille consommateurs, un repas à 25 cents. N'ont-elles pas, dans l'usine même, une salle de repos, un dispensaire, et jusqu'à des manucures !

Elles sont là, propres et coquettes, en corsage clair...

(1) Pour faire triompher cette coiffure, la direction n'a pas pris de mesures coercitives. Elle s'est contentée de mettre en chaque atelier cette affiche : « Qui a dit que le bonnet rendait laide ? » avec une jolie figure bien coiffée. C'est par des affiches analogues que le *management*, dans les usines américaines, lutte contre les accidents du travail, fait de la propagande en faveur de l'épargne, etc.

La Germania du Wisconsin.

L'arrivée à Milwaukee est impressionnante. Le long du lac, et même à l'embouchure de la rivière Milwaukee, des vaisseaux de haut bord viennent se ranger au pied des grues, des ponts roulants, des élévateurs à grains. Ici comme à Chicago, on sent qu'il ne manque à ce grand port intérieur qu'une chose pour devenir un havre international : être relié à la mer par un canal à grande section, qui permette aux navires océaniques d'éviter les rapides du Niagara. Ce jour-là, Milwaukee sera près de Liverpool.

Dans le ciel gris se dressent les tours blanches des brasseries que la loi de prohibition a transformées en malteries et en fabriques de pâtes alimentaires. Au pied de quelques *sky-scrapers* — surtout des banques — la ville dessine le damier de ses rues, à peine dérangé par le passage de la rivière aux eaux brunes. Rues larges, bien tenues, très fréquentées, où les magasins aux larges vitrines alignent leurs étalages. C'est la somptuosité brutale, l'accumulation des marchandises, la disposition massive qui caractérisaient, avant guerre, les magasins de Francfort ou de Leipzig. On se croirait dans une *Zeil*, dans un *Brühl*, ou dans quelque *Kaiserstrasse*. On s'étonne, sur une place en style « rococo », parée d'obélisques et de statues à la mode bavaroise ou autrichienne, de voir s'ériger un monument d'un tout autre ordre : un pilier de bois totémique, peinturluré de noir, de bleu, de jaune et de vermillon. Bizarrement placé devant une façade Louis XV, non pas au milieu du bâtiment, mais sur un des côtés, il entasse ses figures grotesques et effrayantes, que domine un colossal corbeau. C'est le totem des anciens

Indiens qui, jadis, couraient le pays. C'est le fétiche de Milwaukee.

Les magasins portent tous des noms allemands. Il y a, par chance, un Goldmann qui est orfèvre et un Schumacher qui vend des chaussures. Les Tietz, les Hermann, les Fischer, les Jungblut ne se comptent pas. A peine si, dans cette cohue germanique, on relève quelques noms slaves : un Dvorak, un Topic. De même, à côté de la *Staatszeitung*, on imprime un journal polonais. L'élément slave est presque seul à tenir tête à l'élément allemand.

Je ne puis dire cependant qu'on parle beaucoup allemand dans la rue, même le dimanche. Les grosses dames, à l'allure pesamment teutonique, échangent en un anglais rauque leurs réflexions sur les magnificences de la grande rue. Mais, si on ne parle pas ouvertement l'allemand, on l'écrit. Les petits restaurants vous invitent à venir goûter les douceurs de la cuisine allemande, *deutsche Küche*. Chez un libraire qui a besoin d'un garçon de boutique, l'annonce américaine : *Boy wanted*, est bravement remplacée par celle-ci, en beaux caractères gothiques : *Fleissiger Junge verlangt* : on demande un garçon travailleur. Décidément cette ville est bien une ville allemande.

Voici, au reste, le théâtre allemand, *Deutsches Theater*, appelé aussi *Pabst Theater*, du nom du richissime brasseur qui en a fait don à la cité. C'est aujourd'hui dimanche et les affiches annoncent, pour ce soir, la représentation dominicale, *Sonntagsvorstellung* : c'est une pièce de Sudermann. Je me demande, vraiment, si je suis en Amérique. Il le faut croire puisque, cet après-midi, le théâtre, rutilant d'or et de velours rouge, a été prêté à un conférencier qui nous présente en anglais et nous fait entendre des fragments de musique « peau-rouge ». Le pieu totémique est décidément plus ancien que les tours de la brasserie Pabst.

Mais une autre tour, une tour de gratte-ciel new-yorkais, se dresse au centre de la ville, près de la rivière aux
eaux lourdes. C'est *City Hall*, le nouvel hôtel de ville.
Dans le vaste passage voûté qui en forme le rez-de-
chaussée, je copie, sur une plaque de marbre, cette inscription (en anglais) en lettres d'or :

Édifié en l'an 1895, John C. Koch, maire. C. H. Benzenberg,
E. M. Schnengel, S. J. Brockman, E. Schneider, commissaires.
H. C. Koch et C^le, architectes.

Que ces noms sont donc anglo-saxons !

Cela produit un singulier effet de lire, à côté, le tableau
d'honneur, *roll of honor*, la liste des morts de la grande
guerre. En fait, m'assure-t-on, les Allemands de Milwaukee, malgré leur nombre et leur cohésion, malgré
leur organisation en sociétés, clubs et *Vereine*, malgré
leurs journaux, n'ont pas été, pendant la guerre, un élément particulièrement difficile à conduire. Ils ont généralement tenu à faire leur devoir de citoyens américains.
Il suffit, pour s'en convaincre, de lire les ouvrages récemment publiés en Allemagne sur les États-Unis, par exemple
les *Vereinigte Staaten* du géographe Kurt Hassert. Ce ne
sont que lamentations sur ces fils infidèles du germa-
nisme qui, à l'heure suprême, ont préféré à l'ancienne
leur nouvelle patrie. Il paraît que des pangermanistes
avaient sérieusement escompté un soulèvement, une séces-
sion des Germano-Américains, comme ils espéraient une
révolte des Musulmans de l'Afrique du Nord !

Le coup a manqué. Mais c'est maintenant que le
danger renaît. De multiples efforts sont tentés pour
regrouper les forces allemandes. Sous le nom de sociétés
Steuben (Steuben, officier de Frédéric II, fut un des ins-
tructeurs de la jeune armée des *insurgents;* il a, devant la

Maison Blanche, sa statue symétrique de celles de La Fayette, de Rochambeau et de Kosciuzko) se constitue une légion de défenseurs de l'idée germanique. Pour agir sur les libéraux, on évoque le souvenir respecté de Carl Schurz, un des immigrés républicains de 1848. Enfin on agit par les Églises, surtout par l'Église catholique, dont beaucoup d'évêques, par exemple celui de Chicago, sont des Allemands. Ces évêques font venir des prédicateurs allemands célèbres, tel le cardinal Faulhaber. Ils les font prêcher sur les misères de la pauvre Allemagne ; ils lancent des quêtes en faveur des petits enfants allemands que les officiers français, aidés par « les Français de couleur », font méchamment mourir de faim. Ils entraînent derrière eux non seulement les masses allemandes, mais en partie les masses irlandaises. La haine de l'Angleterre, dans la presse des Hearst et des Mac Cormick, égale ou surpasse la haine de la France (1).

A cette action sentimentale se joint l'action économique. Durant la guerre, l'Allemagne impériale avait constitué à Kiel une sorte d'observatoire économique de premier ordre, sous la direction du professeur Bernhard Harms. Nulle part on ne fut mieux renseigné sur les publications, les créations, les tentatives des pays alliés. Eh bien ! Bernhard Harms vient d'arriver en Amérique. Un gouvernement qui se dit sans argent, mais qui ne sait pas lésiner pour des dépenses de ce genre, a mis à sa disposition des fonds de mission qui lui permettront de visiter tous les grands centres commerciaux d'Amérique, d'étudier les raisons pour lesquelles l'opinion américaine reste en grande majorité hostile aux Allemands, et de

---

(1) Les comptes rendus de la conférence de Robert Cecil dans le *Chicago American* ont dépassé en grossièreté ce que nous pouvons imaginer. L'élément irlandais aime ce style.

rechercher les moyens qui permettraient de rétablir entre les deux pays des relations plus cordiales. Comparez à la pauvreté, à la mesquinerie de ces « œuvres françaises » dont il faut, à tout moment, défendre le maigre budget !

Il sera intéressant de voir comment le professeur Harms opérera dans la ville allemande de Milwaukee, à Chicago et dans les autres « germanies » américaines. Il aura derrière lui bien des marchands de farine et de lard et aussi des armateurs comme ces Harriman qui ont remis sur quille, en les couvrant du pavillon étoilé, la *Hamburg Amerika* de feu Ballin et le *Lloyd* de Cuno.

CHAPITRE III

QUESTIONS ÉCONOMIQUES

Une crise du combustible aux États-Unis.

Boston, 6 mars.

On n'a pas dû apprendre sans étonnement, en France, que l'Amérique avait cet hiver manqué de charbon, que cette question du charbon avait pris une importance politique, qu'elle pourrait jouer son rôle dans la future élection présidentielle, et influer sur l'évolution de la législation sociale aux États-Unis.

Comment, ce pays est le plus gros producteur de charbon du monde ; ses gisements de charbon couvrent une superficie égale à une fois et demie la totalité du sol français ; il produisait à lui seul, en 1913, plus d'un demi-milliard de tonnes, contre 730 millions pour l'Europe entière, et il manque de charbon !

Le fait est là cependant. New York et la Nouvelle-Angleterre ont souffert d'une pénurie de combustible, d'un *coal shortage*, durant un hiver particulièrement froid et prolongé.

Comment cela s'est-il fait ?

Le 1er avril dernier une grande grève a suspendu tout travail dans les mines d'anthracite sans exception et dans toutes les mines de charbon bitumineux soumises au syndicat des mineurs unis. Ce que voulaient les *United Mines*

Workers, c'était l'application stricte du principe de
« l'atelier clos », du *closed shop*, c'est-à-dire l'interdiction
d'employer les non-syndiqués. La lutte s'est poursuivie
près de six mois, marquée par des atrocités semblables
à celles d'une guerre moderne. Le résultat, c'est que les
approvisionnements, qu'on a coutume de faire durant la
saison d'été, n'ont pu être constitués, et que, depuis la
reprise du travail, les industries consommatrices et le
public ont vécu au jour le jour.

Est venue ensuite une grève des ouvriers de chemins de
fer. Au moment où le charbon commençait à s'entasser
sur le carreau des mines s'est donc produit un engorgement analogue à celui que nous avons connu dans la
Ruhr. Notez que le nord de l'État de New York et les
États de la Nouvelle-Angleterre sont assez loin des gisements : la question du transport est donc pour eux capitale. Les énormes chutes de neige, en faisant des retards
de trains une règle sur certaines lignes, et l'insuffisance
du matériel roulant ont aggravé cette situation. Quelques
personnes accusent également les cheminots du *New-
York-New-Haven* d'avoir prolongé la grève par une sorte
de sabotage perlé. D'autres accusent les compagnies de
faire des économies de wagons au détriment du public.

Les voies navigables ne pouvaient suppléer à cette insuffisance des voies ferrées. Le Barge canal, qui a remplacé
le canal Erié devenu trop petit, était gelé. Des parties
importantes des ports étaient prises. Le vent du nord-
ouest et les glaces rendaient la navigation côtière très-
difficile. Même la coupure qu'on a pratiquée dans le cap
Cod était impraticable. Trois chalands remorqués, au
lieu de faire en trois ou quatre jours le trajet de Philadelphie à Boston, en mirent dix-huit au milieu de février.
Camions automobiles, chariots, traîneaux s'empressèrent

de disperser cette précieuse cargaison à travers les rues et les routes aux ornières durcies.

Le charbon a-t-il réellement fait défaut? Rien de comparable, assurément, aux vraies famines de charbon que nous avons connues pendant la guerre et quelquefois depuis. Cependant, chose étrange, obligation de recourir aux mesures de restriction du temps de guerre. L'Amérique possède actuellement une Commission d'urgence du Combustible, qui agit par l'intermédiaire d'un administrateur du Combustible, M. James Phelan. Dans le Massachusetts on a créé dans chaque ville des administrateurs locaux, pour assurer une équitable répartition du combustible.

Cette répartition, tout le monde ici la trouve insuffisante. Il faut dire que le citoyen de la Nouvelle-Angleterre se chauffe, se surchauffe extrêmement. Il est impossible à un Français moyen de supporter la température des maisons d'ici. Le principal souci du père de famille, après avoir ouvert un chemin dans la montagne de neige qui barre sa porte, c'est d'aller remplir sa « fournaise ». Il se plaint de n'avoir pas toujours de quoi nourrir ce dévorant foyer. Il a eu froid, cet hiver; les enfants ont eu froid. Encore aujourd'hui, on voit telle réunion se tenir dans une autre salle que celle qui avait été prévue, faute de pouvoir la chauffer. Dans les petites localités, éloignées des communications, ce fut pire. On parla de morts causées par le froid. La population s'émut.

Les députés (ici aussi on les charge de faire les commissions) s'adressèrent à la Maison Blanche. Ils demandèrent qu'on établît des ordres de priorité pour le transport des charbons destinés à la Nouvelle-Angleterre. Ils demandèrent qu'on mît l'embargo sur le charbon envoyé au Canada, car on apprenait que le charbon de Pennsylvanie se vendait à Montréal moins cher qu'à Boston. Montréal est déjà honni comme la ville « humide » par excellence, la ville aux deux mille cabarets. Il ne lui manquait plus que d'être une accapareuse de houille.

Le président passe pour avoir eu des réponses malheureuses. Il aurait dit, ou à peu près : Il n'y a pas en Nouvelle-Angleterre une véritable disette de charbon, mais une peur de manquer de charbon. « C'est un phénomène psychologique, une sorte d'hystérie ». Ces paroles déchaînèrent une tempête. Le président fut traité, toutes proportions gardées, comme cet intendant qui disait au peuple, manquant de pain, de manger de la brioche. On lui demanda si la baisse du thermomètre était aussi un phénomène psychologique, et que l'on pourrait faire disparaître par auto-suggestion. C'était le temps des triomphes de M. Coué. Pour apaiser un peu l'orage, il fallut démentir les malencontreux propos du président, et mettre en scène d'autres conversations, où il assurait de sa sollicitude les populations réfrigérées. Mais bien des électeurs ne lui ont pas pardonné.

L'administration ne se tint pas pour battue. Elle reprocha aux plaignants de ne vouloir consommer que l'anthracite, au lieu d'accepter des substituts. Des Bostoniens de bonne foi m'ont dit qu'on leur avait livré, comme *Ersatz*, et parfois même sous le nom d'anthracite, des plaques d'ardoise. On parla plaisamment de ce charbon à l'épreuve du feu, *fireproof coal*. Hier encore le gouverneur du Massachusets disait solennellement, devant la législature de l'État : « Aucun bon citoyen ne peut être contraint de payer des prix élevés pour un charbon qui ne veut pas brûler. »

On ne croit pas que la situation s'améliore réellement avant le milieu de mars, malgré la reprise des transports.

Le Congrès, avant de se séparer, a cependant voté un crédit de 400 000 dollars et le ministre de la Guerre vient d'ordonner au commandant du 1er corps d'armée de mettre à la disposition de l'administrateur du combustible tous ses camions. On va donc avoir du charbon, d'autant que le dégel commence et que les rues se transforment en rivières débordantes.

En attendant, on cherche les responsables. Et de plusieurs côtés.

Les uns disent, et avec violence : les mineurs unis ont voulu « serrer à la gorge » le peuple des États-Unis. « Si New York et la Nouvelle-Angleterre ne sont pas morts de froid et de faim, ce n'est pas de leur faute... Législateurs, réveillez-vous !... L'Amérique n'est pas mûre pour le régime des Soviets. » Il faut s'attendre, dans les États sans mines de houille, à une levée de boucliers contre les syndicats. Le *closed shop* passera de mauvais quarts d'heure.

Mais, répondent les syndiqués, ce sont les producteurs d'anthracite qui, par l'organisation monopolisée de l'industrie, prélèvent sur le public une surcharge illégitime d'au moins 3 dollars 61 par tonne. Le bénéfice des six principales sociétés, de 8 800 000 dollars en 1912, est monté à 13 millions en 1920. Si les autres ont gagné dans la même proportion, cela fait 51 millions au lieu de 13. Les prix sont calculés sur le prix de revient des mines au plus faible rendement. L'avant-dernière grève n'a-t-elle pas été voulue par les compagnies ?

En outre, pour pousser à la production, le gouvernement autorisait les producteurs dits « indépendants », c'est-à-dire non groupés dans le trust, à faire pendant la guerre payer leur charbon 75 cents plus cher que celui de la « compagnie ». Actuellement cette prime est de

6 dollars 25. Or, la Commission du combustible de Pennsyl-vanie, en fixant le contingent des États de la Nouvelle-Angleterre, ne s'est pas aperçu que la part du charbon « indépendant » montait de 5 à 14 pour 100 du total, ce qui a fait payer indûment au seul Massachusets plus de 800 000 dollars.

Ce qui semble bien indiquer que ces accusations sont fondées, la Commission spéciale pour les choses nécessaires à la vie dénonce à la législature, en les nommant, 126 mar-chands au détail qui ont vendu leur charbon plus de 9 dollars 50, prix calculé à la mine. A Washington, le Congrès vient de décider une enquête d'ensemble.

Cette enquête aura-t-elle pour résultat de rétablir la situation charbonnière? Pourra-t-on, cet été, rattraper le retard de l'an dernier?

Ou faut-il croire que, même en dehors des causes occa-sionnelles de la récente crise, l'Amérique marche vers une disette de charbon? N'oublions pas qu'elle a, jusqu'à ce jour, exploité ses mines d'après des formules qui relèvent du gaspillage le plus imprévoyant. On évaluait, avant-guerre, la vie des gisements américains tout au plus à cent cinquante ans. Mais l'accélération du mouvement industriel peut raccourcir cette période, si l'on ne trouve pas de substituts à la houille et à l'anthracite. Cela n'est pas sans préoccuper.

On a pensé au pétrole. Et, durant le paroxysme de la crise, on pouvait lire partout d'ingénieuses réclames pour des appareils au combustible liquide, appareils dont le prix décourage d'ailleurs les consommateurs. Mais le gas-pillage du pétrole a été encore plus irréfléchi et les besoins, par suite de l'extraordinaire multiplication des automo-biles, croissent encore plus vite. Qu'importe que les États-Unis produisent les deux tiers du pétrole mondial, si le directeur du service géologique doit déclarer que les États-Unis, autrefois vendeurs de pétrole, deviennent acheteurs? Il conseille donc de conserver le pétrole pour les usages où il n'a pas de remplaçants (par exemple comme lubréfiant) et de brûler d'autres combustibles, chaque fois qu'on le peut.

Reste, il est vrai, la houille blanche. Grande ressource, aux États-Unis comme en France.

Le complot du pétrole.

Boston, 24 mars.

« Les États-Unis victimes d'un complot du pétrole — *victim of oil plot*... La Grande-Bretagne, la France, l'Italie, les Pays-Bas barrent virtuellement la route aux compagnies américaines. »

Tels sont les titres flamboyants qu'on lit dans les journaux. Tel est, en somme, le thème d'un article très étudié, paru hier dans une revue toute nouvelle, mais destinée à jouer un rôle croissant dans l'éducation politique du peuple américain, la revue *Foreign Affairs*, qui en est à son troisième numéro. Disons tout de suite que cet article aurait plus d'autorité si, à sa haute compétence et à ses mérites d'écrivain, l'auteur, M. A.-C. Bedford, ne joignait la qualité de président de la *Standard*.

Y a-t-il en cette affaire plus qu'un nouvel épisode de la lutte gigantesque entre ces deux forces, *Standard* et *Dutch-Shell*, ou bien les États-Unis peuvent-ils se croire réellement victimes d'un complot mondial pour les priver d'huile minérale?

On a versé sur cette question du pétrole des flots d'encre, notamment lorsque l'intervention de M. Child à Lausanne révéla une fois de plus l'intensité de la rivalité

anglo-américaine. Il est cependant nécessaire d'en rappeler les origines si l'on veut comprendre la situation
présente.

Lorsqu'en 1859 fut foré le premier puits de l'Ohio, ce fut
une fièvre pareille à celle qui, dix ans plus tôt, avait suivi
la découverte de l'or californien. Depuis, en Pennsylvanie,
au Texas, en Californie, dans l'Oklahoma, la course au
pétrole continua, éperdue, échevelée. Avec cette absence
de prévoyance, ce génie du gaspillage, ces habitudes
d'exploitation dévastatrice qui étaient les marques de
l'industrie américaine, les sociétés rivales ont dilapidé
follement le capital pétrolier de la nation. Qui fera le
compte des quantités d'huile qui ont été ainsi perdues pour
toujours, et qu'une exploitation plus rationnelle eût
réservées pour l'avenir? Bien des gens qui se plaignent de
manquer de pétrole pourraient d'abord battre leur coulpe.

On puisait sans compter. L'essentiel n'était-il pas
d'inonder de pétrole américain les marchés du monde?
En fait, en 1902, malgré l'existence de la concurrence
russe, non seulement les États-Unis distançaient le
Caucase, mais ils fournissaient déjà près des deux tiers
de la consommation universelle. On calcule que, depuis 1859 jusqu'à ce jour, on a vu sortir des réservoirs
des compagnies américaines plus de *six milliards et demi*
de barils (de 190 litres). Ces six milliards et demi, il fallait
les placer. De là ces combinaisons colossales, ces trusts,
dont la *Standard* est le type le plus fameux, ces tractations
avec les sociétés de transport, ces constructions d'immenses *pipe-lines*, ces flottes de bateaux-tanks, et aussi
cette immense réclame et ces manœuvres financières qui
devaient augmenter la consommation, faire découvrir de
nouveaux emplois et assurer le rapide écoulement du
pétrole américain. La question du pétrole, c'était en ce

temps-là une question de débouchés. Verser sur le monde un océan de pétrole, les compagnies américaines n'avaient pas d'autre programme.

Déjà, avant la guerre, des signes précurseurs permettaient de prévoir le renversement de cette situation. Il eût été prématuré d'écrire, comme le fait aujourd'hui M. Bedford : « Notre ère industrielle serait complètement arrêtée, sans pétrole » ; mais déjà les usages industriels du pétrole, comme producteur de chaleur et d'énergie, comme lubréfiant, s'étaient multipliés. Et l'on s'était aperçu, un peu tard, que les ressources n'étaient pas inépuisables. L'énergie hydraulique, pratiquement, est infiniment renaissante, comme celle du vent. Les calculs des géologues sur l'époque où aura disparu le dernier morceau de charbon ne présentent qu'un intérêt purement académique. Au contraire, le nombre des poches de pétrole est limité, et l'on peut entrevoir l'heure où il n'y aura plus de nouvelles trouvailles à faire. Ces poches sont d'importance très inégale, et il est très difficile de déterminer à l'avance le temps pendant lequel elles produiront. Les capitaux énormes absorbés par les recherches, les travaux de forage, les installations, ne sont jamais sûrs d'être amortis. L'industrie pétrolifère est un jeu, comme la roulette. Elle a l'attrait et les dangers du jeu.

Déjà, par exemple, avant la guerre, les premières exploitations américaines, Ohio, Pennsylvanie, témoignaient d'un inquiétant vieillissement. Le Texas avait déjà achevé une existence aussi éphémère que tumultueuse. Seuls, la Californie et l'Oklahoma étaient encore en progrès. Pour combien de temps?

Mais la guerre a brusquement souligné la gravité du problème. D'abord elle a consommé, pour les transports sur route, par mer et dans les airs, des quantités inouïes de l'huile devenue précieuse. Elle a poussé à des perfectionnements techniques qui, après avoir servi à des œuvres de guerre, se sont appliqués à des œuvres de paix, et qui ont fait du pétrole un succédané du charbon, tout en accroissant dans des proportions formidables la demande des lubréfiants. A l'heure où l'on constatait que les disponibilités en pétrole sont strictement limitées, les emplois du pétrole ont apparu comme illimités. Fâcheuse coïncidence.

Au même moment se manifestaient deux situations également anormales. Les deux plus gros producteurs après les États-Unis, la Russie et le Mexique, cessaient de fournir aux raffineries leur contingent accoutumé. La défaillance russe n'intéressait les États-Unis que d'une façon indirecte, en augmentant sur les marchés européens la demande de pétrole américain, particulièrement intense quand la fin du blocus des Empires centraux accrut d'une bonne centaine de millions le chiffre des consommateurs. Mais, pour le Mexique, les Américains y avaient investi dans les puits de pétrole un capital évalué à *un demi-milliard de dollars*. Or, depuis la révolution qui a mis fin à la rude mais efficace dictature de Porfirio Diaz, il n'y a guère plus de lois protectrices de la propriété étrangère dans la république mexicaine que dans le pays des Soviets. Les menaces de confiscation, les taxations arbitraires pèsent sur ces exploitations dont les sociétés américaines avaient cru faire un prolongement de leur domaine. Il est naturel qu'elles n'éprouvent aucune gratitude à l'égard des puissances européennes qui ont favorisé les révolutions mexicaines, surtout quand ces puissances ont acquis des puits mexicains.

Si l'on se contentait d'aligner des chiffres sans les interpréter, la situation des États-Unis apparaîtrait cependant comme satisfaisante. Ce n'est plus les deux tiers, mais 60 pour 100 de la production mondiale qui viennent de chez eux. Comptons un peu, les chiffres ont leur éloquence : sur un total universel de 760 millions de barils en 1920, les seuls États-Unis en ont fourni 470. Le Mexique ne tient plus que de loin le second rang, avec 195. La Russie, en cette même année 1920, ne dépassait pas 28 millions et demi. Notons tout de suite, pour nous servir de ces chiffres plus tard, que Bornéo et Sumatra donnaient 18 millions (j'arrondis tous ces chiffres), la Perse 16,7, la Roumanie 8, l'Inde moins de 7. Le reste valait tout juste l'honneur d'être cité, par ordre d'importance : Galicie, Pérou, Japon, Trinité, Argentine, Égypte, Vénézuéla dont les livraisons s'échelonnaient entre un et moins de quatre millions de barils. Puis les parents pauvres, France, Allemagne, Canada, donnant respectivement 400 000, 200 000, 100 000 barils. Cela ne compte pas.

Comment les États-Unis, dont la position est prépondérante, peuvent-ils se plaindre? Comment le pays qui produit à lui seul 60 pour 100 (*soixante pour cent*) du total universel peut-il se dire et se croire victime d'un complot international pour le priver de pétrole ! Voyez-vous la France, dénonçant une conjuration pour la priver de fer? Le monde éclaterait de rire.

Pourquoi, au contraire, le problème américain du pétrole est-il pris au sérieux?

L'Amérique est le plus gros producteur de pétrole. Mais elle est aussi, de beaucoup, le plus gros consommateur. En 1922, elle consommait par jour 1 650 000 barils, contre un approvisionnement (importation comprise) de 1 875 000. La marge est étroite.

Douze millions de voitures et de camions automobiles — c'est le chiffre de 1923 — soit un véhicule par dix habitants. Mais ajoutez-y un nombre énorme, inconnu, de tracteurs et machines agricoles, de bateaux, d'engins à bord des navires, d'aéroplanes, d'usines, de locomotives mus au pétrole ; et les usages du pétrole pour l'éclairage, le chauffage et pour les petites installations de force motrice. Supputez ce que représente le graissage de l'immense machinerie américaine... On s'attend pour cette année à une demande journalière de deux millions de barils.

Dites-vous aussi que la *Standard* et ses émules, devant la carence à peu près complète du producteur russe, sont les gros fournisseurs de la France, de l'Italie, de l'Allemagne, même les fournisseurs partiels de la Grande-Bretagne et de l'Extrême-Orient. Liées par des contrats avec les syndicats de raffineurs, créatrices de tout un réseau de sociétés filiales, ces Sociétés doivent livrer, c'est-à-dire trouver du pétrole.

En 1922, elles n'auraient pu satisfaire aux besoins et maintenir une petite réserve si, aux 470 millions de barils nationaux n'était venue s'ajouter, tout de même, une importation mexicaine de 132 millions. Mais en dehors même des circonstances politiques, les puits du Mexique, tout comme naguère ceux du Texas, se révèlent épuisables. On a dû abandonner l'exploitation des deux tiers de la surface primitivement envisagée. Or, le Mexique voisin est, avec leur propre territoire, leur seul domaine pétrolier, tandis que leurs rivaux ont cette supériorité de posséder des gisements répartis sur tous les chemins de la terre.

Voilà comment la question du pétrole s'est transformée : à la lutte pour la conquête des débouchés se substitue la lutte pour le contrôle des gisements. Il ne s'agit plus de trouver des consommateurs, mais des produits.

Quand les peuples — qu'ils soient d'Europe ou d'Amérique — se sentent atteints dans un intérêt vital, ils invoquent les principes sacrés. Altérée de pétrole, l'Amérique a subitement découvert ce principe, que la France a vainement essayé de faire triompher en mars 1919 et l'Italie depuis, à savoir que les matières premières indispensables à l'industrie, surtout quand elles sont rares, sont le bien commun de l'humanité. Quel dommage que cette théorie ne s'applique pas au charbon, au coton, au cuivre, à la laine, au blé, à la viande !

Particulièrement, insinue-t-on, les industries minières, avec leur aléa et les grosses dépenses qu'elles exigent, ne peuvent s'enfermer en un seul territoire. Elles ont besoin de la collaboration de tous, de la répartition entre tous des intérêts, des bénéfices et des risques.

Comment les États-Unis ne s'en avisèrent-ils point au temps où ils ont fait, avec les profits de leur pétrole, le plus clair de leur fortune? Ils s'en avisent aujourd'hui, et c'est un ancien secrétaire de l'intérieur (quinze jours après avoir quitté le ministère) qui dénonce « un mouvement gigantesque, international en son essence, mené avec l'aide et l'assistance de certains gouvernements étrangers, pour épuiser les approvisionnements des États-Unis en refusant à leurs prospecteurs le droit d'en chercher ailleurs ». Invoquant l'autorité de notre compatriote Delaisi, les Américains parlent de « ce grand monopole du pétrole dont les Américains seront exclus. C'est le plus grand trust que le monde ait jamais vu, un trust modelé sur le plan originel de la *Standard*, mais élargi à la mesure de l'univers ». Précieuse diversion, soit dit en passant, pour la *Standard*, que l'on accusait d'avoir tourné la loi contre les trusts, et qui voit se détourner ainsi contre d'autres, contre des étrangers, les passions américaines.

Elles se tournent en premier lieu, naturellement, contre l'Angleterre. L'*Anglo-Persian* (plus de 16 millions et demi de barils en 1921) donne déjà 2,2 pour 100 de la production mondiale, et la concession couvre 500.000 milles carrés. Quant à la Mésopotamie, l'enfant chéri de M. Child, ses dépôts sont de puissance inconnue, et il faudra des dépenses énormes pour les mettre en valeur. Les États-Unis réclament ici l'égalisation des risques — et des profits. Si l'opération britannique de « domination du monde » réussissait, disent-ils, « les États-Unis paieraient à la Grande-Bretagne, durant les prochaines années, plusieurs fois le total consolidé de la dette anglaise ». Nigeria, Guyane, se ferment aux Américains. Le gouvernement anglais se défend de leur avoir fermé la Birmanie.

Mais l'Angleterre n'est pas seule visée. La combinaison de la Royal Dutch avec la Shell Transportation a créé un intérêt anglo-néerlandais. Ce groupe n'a pas seulement dans son domaine les puits des Indes néerlandaises, il étend sa domination plus ou moins exclusive sur Bornéo, la Roumanie, l'Égypte, la Trinité, le Vénézuéla. Au Mexique, il a quatre raffineries qui produisent 155 000 barils par jour. Bien plus, aux États-Unis même, cinq raffineries d'une capacité de 65 000 ! Nous y reviendrons tout à l'heure. — Contre la concession par le gouvernement néerlandais des gisements de Sumatra à des compagnies strictement néerlandaises (en fait à la *Bataafsche*, filiale de la Royal Dutch), Washington a déjà protesté en 1920.

Mais prenons garde que la France est mêlée à l'affaire, en raison de l'arrangement de San Remo. On nous accuse même d'hypocrisie, parce qu'en apparence nous accordons des concessions sans distinction de nationalité, mais en exigeant que l'administration soit pour deux tiers en mains françaises. « Pratiquement, gémit une corporation américaine, la France et les colonies françaises sont plus complètement closes aux compagnies américaines que nulle autre partie du monde. »

En résumé, les États-Unis entendent réclamer pour leurs nationaux « les mêmes droits et opportunités qui sont accordés aux nationaux des autres pays *dans* les États-Unis ». Une loi fédérale de 1920 interdit l'acquisition de biens domaniaux aux nationaux de pays qui refusent la réciprocité.

Or, nous l'avons dit, les étrangers ont pris pied, non seulement dans ce Mexique que les Américains considéraient comme une chasse gardée (en quel château perdu au fond des bois dormait donc, en ce temps, la doctrine de l'égalité des chances?), mais sur le territoire dé l'Union. L'*Union Oil Company* de Delaware, celle de Californie, la *Shell Company* du même État, sont accusées d'être des filiales du groupement Dutch-Shell. L'accusation pourrait bien n'être pas injustifiée.

Et voilà qu'un nouveau cas se présente, celui de la *Roxana Petroleum Corporation*. La Roxana (quel beau nom racinien !), « ostensiblement une compagnie américaine, est en réalité sous un contrôle étranger ; la majorité des actions donnant droit au vote appartient au groupe Royal-Dutch ». Seulement il y a, grâce à des complicités américaines, une compagnie américaine interposée. Aux hommes de paille ont succédé les compagnies de paille, les *holding companies*.

La *Roxana* jure qu'il n'en est rien, tout comme les sociétés *Standard* du Texas ou de l'Indiana jurent qu'elles n'ont aucun rapport entre elles ni avec celle de New Jersey, avec le groupe dont M. Bedford est le porte-parole. Mais on profite du cas de la *Roxana* pour demander à la Commission fédérale du commerce une enquête générale sur les compagnies soupçonnées d'avoir du capital étranger, sur l'étendue de leurs concessions, sur leurs plans d'extension. Déjà, dit-on, la *Shell Union Oil Corporation* contrôle trois et demi pour cent de la production américaine en huile brute. Le groupe Dutch-Shell contrôlerait onze pour cent du total mondial.

Cette politique de représailles n'est évidemment qu'un procédé tactique. Mais il faut s'attendre à ce que la question soit de plus en plus souvent posée sur le terrain international. Cette propagande réussit à imprimer ces deux idées dans les cerveaux américains : l'Amérique va manquer de pétrole, malgré son énorme production ; l'Amérique est exclue, injustement, de la participation aux ressources pétrolières du monde.

Le jour où les États-Unis imposeront à l'Angleterre la réunion d'une conférence internationale du pétrole, l'occasion ne sera-t-elle pas propice pour demander que cette conférence ne borne pas son activité aux seules huiles minérales, mais qu'elle envisage en son entier le problème de l'équitable répartition de *toutes* les matières premières? Tant qu'il ne sera pas résolu, il n'y aura pas de paix économique, c'est-à-dire point de paix durable entre les hommes.

Une crise de prospérité.

Avril 1923.

Habitués que nous sommes à raisonner sur la crise anglaise, nous avons une certaine tendance à croire que cette crise est générale dans tous les pays anglo-saxons. Quand nous souhaitons de voir les États-Unis rentrer dans le cercle des nations européennes, nous admettons qu'ils seront forcés de venir en aide aux pays pauvres pour éviter les maux dont gémit l'Angleterre : l'arrêt des exportations, l'invasion des produits à bon marché, le chômage.

Mais si notre hypothèse était fausse? s'il n'y avait pas de crise américaine?

Depuis que je suis ici, je la cherche, cette crise, sans la pouvoir trouver. Ce que je vois, ce sont des ports qui regorgent de marchandises. Quand, par les journées claires du glacial printemps, on les aperçoit du haut d'un *elevated*, avec leurs voies ferrées innombrables lancées sur des jetées en bois pour aller cueillir ou porter jusqu'au bateau les marchandises, avec leurs files de wagons, leurs appareils de chargement, leurs chantiers de constructions navales, on n'a pas l'impression d'une crise. On ne l'a pas non plus dans les gares, où ce n'est pas la marchandise qui manque aux wagons, mais le matériel roulant aux marchandises.

Il y eut, après la paix, une crise américaine, et c'est à ce moment que l'on put croire à une réplique de la crise anglaise. Mais cette heure est passée, et ce pays n'a pas coutume de s'attarder en réflexions sur l'histoire d'hier.

Dans le présent, les usines marchent et grandissent. Je visitais naguère, à Boston-Sud, la Centrale électrique, *Edison Electric Illuminating Company*, installée sur le port même. Un vaste terre-plein reçoit son charbon, qui lui est assuré par un contrat avec une mine de la Virginie occidentale ; elle en a toujours pour trois mois d'avance, elle se soucie peu, par conséquent, de la crise du combustible.

On me mène d'abord dans la vieille usine, vieille de vingt ans, dont les machines servent encore. Mais on lui a superposé, depuis trois ans, une usine neuve, dont les

turbines sont si puissantes que chacune d'elles fait plus
de besogne que toutes les anciennes chaudières ensemble.
Immense chute d'eau artificielle dont la force, action-
nant les dynamos, dessert non seulement la grande ville
de 800 000 âmes, mais presque tout le sud du Massachusetts. Notez que la traction électrique, en surface,
aérienne ou souterraine ne dépend pas d'elle, mais d'usines
particulières. Celle-ci ne fournit que la lumière, et la force
pour les ateliers, à ses nombreuses sous-stations. Rien de
plus curieux que la chambre du tableau, où les lignes
noires ou de couleur tracées sur la plaque vernissée et les
petites lampes qui s'allument permettent de suivre le
travail de ce prodigieux réseau. Les quelques ingénieurs
qui sont là, comme des officiers dans la chambre aux
cartes d'un navire, commandent la vie de plusieurs millions d'hommes. D'un coup de téléphone ils avertissent
d'un fléchissement ou d'une pointe l'homme qui, dans la
chambre des « aiguilles », dirige le courant sur telle sous-
station aussi sûrement qu'un aiguilleur oriente un train
sur une voie.

A toute minute, des lampes dessinent, en lettres rouges,
le chiffre de la production de l'usine. Je lis 45, puis 43,5,
c'est-à-dire 43 500 kilowatts. Actuellement, l'usine approche de sa limite de productivité. On va, d'ici 1924,
en construire une autre, deux fois plus puissante, loin, en
dehors de la ville. L'expérience a enseigné aux Américains
qu'une usine de ce genre *double* ses ventes de courant en
trois ans. Tous les trois ans, il faut donc doubler l'usine si,
en la construisant, on n'a point prévu cette extension. De
plus, la guerre en multipliant les usines mues électrique-
ment, puis la hausse du charbon et la difficulté de s'en
procurer ont accru le nombre des consommateurs de
courant ; le coût de la production s'est abaissé si bien que,

de toutes les marchandises, le courant électrique est peut-être la seule dont le prix, loin d'être plus élevé, soit un peu plus bas qu'avant la guerre. A son tour, cette baisse des prix appelle de nouveaux consommateurs dont l'arrivée diminue encore les frais généraux...

A l'usage de plus en plus répandu de l'énergie électrique correspond une demande croissante d'appareils. Allez voir à Lynn la *General Electric Company*. Ce n'est pas une usine, c'est une ville industrielle aux rues bordées d'immenses usines en ciment armé. Elles sont déjà insuffisantes, puisque sous nos yeux s'élèvent les montants de bois, les murs légers provisoirement couverts de carton bitumé qui, demain, seront des halls énormes ou des édifices à six ou huit étages.

D'une usine à l'autre, où des usines à la mer toute proche, circulent les trains électriques. Les conducteurs aériens tendent les mailles serrées de leur filet sur les rues où l'auto nous emmène. Partis de la Direction, un quart d'heure de marche rapide ne nous permettra pas de parcourir cet Essen de l'électricité. En deux heures de visite, nous n'aurons un aperçu que de deux ou trois ateliers : dynamos pour automobiles, turbines pour la marine, et pour la compression de l'air dans les hauts fourneaux.

C'est le triomphe du travail en série. Des salles immenses ne s'emplissent que de moyeux ébauchés. A ces moyeux, grâce à un ingénieux dispositif, une seule cuillerée de soudure va fixer, d'un coup, huit rayons... Ailleurs, des centaines de femmes, chez qui le type slave domine, ne font pas autre chose que d'attacher et d'emmêler des fils. En bas, cet homme doit manier des plaques de tôle où se creusera une rigole. Pendant que, sur la première plaque, la presse fait son office, l'ouvrier en prépare une seconde, et plonge dans un bain protecteur celle qui vient d'être estampée ; la presse se relève, l'ouvrier met de côté la pièce faite, et présente la pièce à faire ; puis il plonge celle qu'il avait réservée, et prépare déjà la suivante... Trois mouvements, pas davantage, rythmés sans fatigue et sans hâte. L'homme travaille doucement, et le travail va vite. Les pièces finies s'entassent, toutes pareilles... Cela s'entasse, donc cela s'enlève, cela se vend.

Des milliers, des milliers d'ouvriers et d'ouvrières... trente-cinq, quarante dollars de salaire hebdomadaire, plus les heures supplémentaires, payées cher. Une organisation intérieure qui associe les ouvriers à la vie de l'usine : conseils d'ateliers et, au sommet, trois délégués du personnel, siégeant avec trois délégués de la Direction, dans une sorte de Conseil supérieur du *management*, où l'on prend toutes les décisions intéressant la marche de l'affaire. Restaurants, dispensaires — avec salle de radiographie et cabinet de dentiste — tout est conçu dans le même style. Sous des hangars s'alignent des centaines d'autos. Elles appartiennent à des employés et ouvriers qui, tout à l'heure, s'en serviront pour rentrer chez eux, à plusieurs milles — consommateurs eux-mêmes de ces appareils d'allumage qu'ils fabriquent.

Non, rien de tout cela ne sent la crise. Et la *General Electric* n'est pas tout Lynn, qui est surtout la ville des fabriques de chaussures. Et que de villes pareilles à Lynn ! J'aurais vu des usines électriques encore plus puissantes si j'avais été à Schenectady. On en voit dans les trois régions où la force hydraulique remplace le charbon comme source d'énergie, Niagara, Caroline du Sud, Californie.

Où donc chercherons-nous la crise ? De chômeurs, il y en a si peu que, s'il y a une crise, c'est une crise de main-d'œuvre. Les lois restrictives de l'immigration commencent à être gênantes aux industriels. Si, à certains moments, on essaie d'apitoyer le public américain sur les infortunées populations que pourchassent les terribles agents d'Ellis Island, si l'on réclame le relèvement du pourcentage tantôt des Grecs, tantôt des Arméniens, c'est en partie parce que l'usine américaine manque de matériel humain.

Cette philanthropie d'usiniers n'est pas le signe d'une stagnation industrielle. Nous interrogerons les statistiques pour voir si elles confirment cette impression.

L'état de l'industrie américaine.

Depuis le mois de janvier, il est évident que l'industrie américaine est entrée dans une ère de prospérité qui rappelle les jours les plus brillants de 1920.

Tous les signes concordent. Le nombre des wagons chargés de marchandises, pour l'avant-dernière semaine de janvier, atteignait 871 000, c'est-à-dire 131 000 de plus que dans la semaine correspondante de l'année précédente, et même 68 000 de plus que dans la même semaine de 1920. Pour l'ensemble de ce mois de janvier, la production de la fonte était de 2 230 000 tonnes, c'est-à-dire environ le *double* de la production de janvier 1922. La *Steel Corporation* travaillait à 90 pour 100 de sa capacité de production, et cependant elle avait déjà 165 000 tonnes de commandes non satisfaites.

Depuis, ce mouvement a continué. En février, le bureau du travail admettait que l'ensemble des industries nationales travaillaient aux trois quarts de leur capacité de production. Car le cas de la sidérurgie n'était pas isolé. Le « roi coton », *King Cotton*, donnait les mêmes indices. C'est en janvier pour la première fois dans l'histoire de l'Amérique que plus de 35 millions de broches ont été en action.

En février ce chiffre a été dépassé de plus de 300 000. De là une énorme consommation de coton, une consommation moyenne de 600 000 balles par mois, balles de 233 kilogrammes. On estime que jusqu'à la fin de la saison ce chiffre se maintiendra. Et ce sont les usines du Sud, celles qui sont installées sur les lieux de production de la matière, qui sont surtout responsables de cet accroissement, et qui, par conséquent, ont bénéficié de l'augmentation de production des filés. On sait en effet que jadis le coton, produit dans le Sud, se manufacturait exclusivement dans la Nouvelle-Angleterre. Mais maintenant c'est en partie dans le *cotton belt* lui-même que s'opère la transformation.

Les stocks diminuent. Evalués à près de 7 millions et demi de balles il y a un an, ils n'atteignent pas 3 millions et demi. On estime qu'au 31 juillet ils ne seront plus que de 600 000 balles. Quant aux étoffes de coton, nous voyons que l'exportation de janvier atteignait presque 39 millions de *yards* carrés, contre 31 en 1922. Attendons-nous, à Liverpool et au Havre, à payer le coton cher.

Passons-nous à la grande industrie de l'Ouest, celle des conserves de viande? Armour nous fait savoir qu'elle a connu, en mars, une activité sans précédent depuis la guerre. La demande des produits est considérable et le personnel est employé au grand complet dans les *packing yards* de Chicago. Je ne crois pas qu'une seule industrie se plaigne.

Aussi l'optimisme est-il la note dominante. La situation semble même bien meilleure qu'en 1920, parce que la position financière des affaires est plus saine et que les banques sont moins chargées de crédit. Le rapport, qui vient de paraître, de la *Federal Reserve Bank* de Boston sur l'activité industrielle du mois de mars dans la Nouvelle-Angleterre, est nettement favorable, et laisse entendre qu'il en est de même dans l'ensemble du pays. Il estime que l'on s'approche à pas rapides de la limite même de la capacité industrielle, et qu'il faudra bientôt recourir aux heures supplémentaires. Les indices fournis par vingt-deux industries typiques conduisent tous à cette conclusion. Cependant le temps très froid et les nombreuses tempêtes de neige de cet hiver (les jours de Pâques le thermomètre touche — 12° centigrades) ont nui au commerce de détail en raréfiant la clientèle. Malgré cela les ventes des magasins n'ont pas été inférieures à celles des mois correspondants de la dernière année. On en conclut que la valeur moyenne des achats est plus élevée, c'est à savoir ou que les prix montent ou que la clientèle achète des produits plus chers.

Si les États-Unis traversent une crise, c'est donc une crise de prospérité. Et cette situation est favorable à la classe ouvrière. 1921 avait été une année de fortes réductions des salaires, et ce mouvement avait continué. Mais depuis l'été dernier le mouvement a pris un sens inverse et, depuis janvier, il est très nettement marqué. La hausse des prix devait fatalement entraîner la hausse des salaires, sans quoi le pouvoir d'achat de la classe ouvrière aurait décru, et les industriels auraient été les premiers à s'en plaindre.

D'ailleurs, devant l'insuffisance de la main-d'œuvre, force est bien de la payer cher, et de donner à un maçon, à un charpentier plus qu'à un professeur de Harvard. Une grande compagnie lainière vient d'augmenter ses salaires de 12 et demi pour 100, et elle est suivie par d'autres. Des menaces de grève ont converti les usines qui hésitaient à suivre ce mouvement. Une sérieuse grève du textile n'a été évitée que par le triomphe des exigences ouvrières.

Cette prospérité sera-t-elle durable? Après le sévère

avertissement qui suivit le *boom* de 1920, on est devenu très prudent. On cherche à se garantir contre l'éventualité d'une crise brusque. Le gouvernement fédéral, en particulier, ajourne très sagement tous les travaux publics non absolument urgents pour mettre ces projets à exécution quand viendra la période de dépression. Le système des *Federal Reserve Banks*, qui a fait maintenant ses preuves, est une sauvegarde contre les excès d'une politique industrielle d'inflation.

Le seul danger, c'est que le mal ne sorte de l'excès du bien. L'activité industrielle, correspondant à une demande croissante, a entraîné la hausse des prix ; celle-ci, à son tour, a déterminé le relèvement des salaires ; on touche au moment où les salaires vont à leur tour réagir sur les prix. On espère que ce nouveau relèvement mettra du temps à se produire et que par conséquent le pouvoir d'achat des masses restera considérable. Cependant, si de nouvelles hausses se produisent, elles auront pour effet de diminuer la consommation, et par conséquent de ralentir la production, chose grave, quand on constate l'augmentation de l'outillage.

Là est le danger pour un pays monté comme une formidable machine. Les usines Ford de Détroit sortent actuellement *deux mille* voitures par jour. Mais quand tout citoyen américain (toute citoyenne aussi, car les femmes conduisent avec une maestria étonnante) aura sa voiture, que deviendront les autres voitures? Que ferait-on même si la hausse de l'acier empêchait Ford de maintenir ses prix assez bas pour que les deux mille voitures trouvent par jour deux mille acheteurs (1)?

(1) En mai, Ford vendait des voitures à 298 dollars, payables d'après des procédés qu'il a copiés sur la maison Citroën. L'ouvrier à dix dollars par jour peut donc acquérir une auto avec son salaire d'un mois.

. Si la production venait à se restreindre, c'est alors que les grèves seraient à craindre. Elles pourraient être terribles avec ces populations ouvrières qui ne sont pas exclusivement américaines, et dont les éléments très divers échappent au contrôle de *l'American Federation of Labor*. Le vieux Gompers, que la pneumonie a failli enlever le mois passé à New York, n'est pas le maître de ces gens-là. Le roi des Unions ne peut rien sur ces éléments fraîchement débarqués.

Deux procès passionnent en ce moment l'opinion : celui du « massacre de Herrin », de cet épisode sauvage de la dernière grève minière, où les briseurs de grève ont été assassinés, tués à bout portant malgré une capitulation en règle, et parfois atrocement mutilés par une foule furieuse ; celui de Foster, qui s'était donné la tâche de soviétiser l'Amérique, et qui s'en vante devant le tribunal (1). Dans cette terreur du bolchevisme qui explique certaines démarches de la politique extérieure américaine et certaines sévérités des lois sur l'immigration, il entre pour une large part la peur des « rouges » de l'intérieur — de ceux qu'on appelle ici, par une expression dont le sens s'est bien atténué chez nous, les « radicaux ». Membres des *I. W. W.* ou agents de Moscou officiellement chargés de révolutionner les États-Unis, ces gens inquiètent non seulement les autorités fédérales ou celles des États, mais les Unions ouvrières organisées, qui veulent évoluer dans les cadres de la Constitution.

Voilà pourquoi certains Américains sont un peu effrayés par le rythme désordonné de la vie américaine. Même les vagues de prospérité, en ce pays, procèdent à la

(1) Le procès de Herrin est renvoyé de juridiction en juridiction ; quant à celui de Foster, il s'est terminé par un acquittement.

façon des vagues de froid qu'un terrible vent du Nord-Ouest étend tout d'un coup sur des régions entières. Mais, pour le moment, la prospérité est indéniable. Et si les États-Unis, un beau matin, s'occupent des affaires de notre pauvre Europe, ce ne sera pas pour éviter à leurs populations des souffrances analogues à celles qui attristent l'Angleterre. Ils peuvent continuer à croire, peut-être pendant longtemps, qu'ils n'ont pas besoin de l'Europe.

Les « farmers ».

Cambridge, mai.

J'écris *farmers*, et non fermiers, car ce sont des propriétaires. Je ne dis pas non plus « paysans », car on ne rencontre guère en Amérique de type qui corresponde à notre petit propriétaire rural, pas plus qu'on n'y trouve d'agglomérations qui rappellent nos villages.

Il y a bien, en fait, des localités qui portent le nom de « villages ». Mais, imaginez une route ; à droite et à gauche, tantôt sur le bord, tantôt assez loin de cette route, des maisonnettes, généralement de bois, parfois de briques, dispersées, entourées de pelouses et d'arbres ; quelque part sur la route, un noyau un peu plus dense : une ou plusieurs églises, car le plus petit village peut abriter des croyants de très nombreuses « dénominations » ; un cimetière, avec de simples stèles ; l'école, et toujours la bibliothèque publique ; le poste de police et celui des pompiers ; des magasins, une station de gazoline pour l'alimentation des autos ; presque toujours un cinéma ; très souvent un monument aux héros de l'Indépendance, à ceux de la guerre civile, ou à ceux de la grande guerre ; statue, canons, tas de boulets ou d'obus. C'est là un village américain, et la petite ville en diffère à peine. J'oubliais les auberges, parfois soigneusement conservées dans le style du dix-huitième siècle — avec la chambre où couchèrent La Fayette ou Washington, ou tous les deux — et dont les façades parées de lierre, de vigne vierge ou de glycines s'élèvent sur la place carrée, ombragée, gazonnée et fleurie.

Quant aux bâtiments d'exploitation, ils sont dans les terres mêmes. Le village de chez nous, avec ses maisons de pierre jalousement serrées autour du clocher, ses rues étroites, ses habitations qui sont en même temps des fermes, ses greniers, ses celliers, ses caves, ses cours où boit le bétail et où s'ébat la volaille, avec ses tas de fumier, ces traits caractéristiques du village européen sont inconnus ici. Il y a longtemps que le maréchal-ferrant du village de Longfellow est mort, même dans les pays de l'Est.

Le « farmer » passerait chez nous pour un grand propriétaire. Il n'y a guère de morcellement que dans les régions, à très vieux peuplement, de la Nouvelle-Angleterre. Le puritain était un cultivateur. Les vieux livres qui décrivent la primitive Nouvelle-Angleterre nous montrent une population rurale très semblable à celle de l'Angleterre de ce temps-là. Mais, ceci est à noter, ces petites fermes se vident ; leurs propriétaires viennent de plus en plus à la ville, dans l'industrie. Dans le Nord-Est, la population urbaine l'emporte de plus en plus sur la population rurale, encore que beaucoup de ces fermes abandonnées soient reprises par des Canadiens-Français. Un glissement se produit ainsi à travers la frontière, et certains villages, certaines petites villes du Massachusetts ou du Vermont deviennent de langue française.

Ceci est spécial au Nord-Est. Mais déjà dans le nord

de l'État de New York, près des Grands Lacs, commencent les grands terroirs agricoles, les Beauces démesurées. Là aussi a sévi ce fléau, le massacre des arbres. Vers Buffalo par exemple, seuls quelques bouquets isolés, ou encore des troncs que l'on ne s'est pas même donné la peine d'arracher disent encore la splendeur des forêts détruites. C'est bien pis dans l'Ouest, dans l'ancienne Prairie. Entre Milwaukee et Chicago, à l'ouest du lac Michigan, c'est la steppe, complètement nue. Là, il n'y a même plus de villages, mais seulement les grands bâtiments d'exploitation semés par l'étendue déserte, où passe à toute vitesse le tramway électrique. Les plateaux de Sétif ne sont pas plus africains. Terre prête à souhait pour la culture en grand, pour la machine, pour la production uniforme et massive.

Les traits essentiels du paysage, ce qui remplace les arbres et les collines, ce sont les élévateurs où s'entassent les grains. La vie agricole, économiquement, se concentre chez nous autour du marché, de la foire ; ici, autour des nœuds de voies ferrées, où les wagons s'alignent au pied des édifices géants, ou bien autour des ports, où les vaisseaux des Grands Lacs viennent se remplir de maïs ou de blé.

Ou encore autour du moulin. Mais qu'est-ce qu'un moulin? Chassez de vos mémoires, je vous en prie, vos souvenirs européens : moulins de Néerlande, ou celui de Sans-Souci, dont les ailes virent au vent ; frais ruisseaux où la roue moussue tourne en accompagnant la chanson du meunier ; bateaux noirs amarrés, aux rives hongroises ou slovaques, le long de l'impétueux, du bruissant Danube... Imaginez, aux bords du Mississipi, où la jolie reine du Nord-Ouest, la cité jumelée de Minneapolis-Saint-Paul a mis le sourire de ses parcs, de ses ruisseaux, de ses lacs et de ses cascades, imaginez des rapides domestiqués, ceinturés de pierre et d'acier, asservis à la volonté du technicien. C'est là, aux chutes Saint-Antoine, que les vieux découvreurs français, le Père Marquette, Nicolet, Radisson, s'émerveillaient devant les beautés de la création. Aujourd'hui le « Père des Eaux » n'est plus qu'un ouvrier d'usine ; les chutes sont remplacées par des barrages, par des plans inclinés sur lesquels glissent les eaux porteuses d'énergie. Il faut descendre en aval, jusqu'aux belles avenues dont nous parlions, aménagées par une municipalité qui a de la sagesse et du goût, pour retrouver la fraîcheur sauvage des gorges profondes que Chateaubriand n'a vues qu'en rêve. Ce Breton était de Marseille !

Aux chutes, se dresse le moulin, un château-fort de huit étages. Directement, par-dessus la rivière, un énorme tuyau — fonctionnant comme le tube pneumatique de nos « petits bleus » — déverse dans les flancs du moulin les grains de l'élévateur. Du sommet à la base, le grain va descendre, farine de plus en plus fine, d'étage en étage, de « moulin » en « moulin ». Plus de meules grinçantes, ni de blanche poussière, mais des boîtes closes en bois verni, munies de fenêtres de verre, et où tournent des cylindres. Il y a, dans ce seul édifice, deux cent cinquante de ces moulins, et tout juste cinquante « meuniers » pour s'en occuper. Mais peut-on appeler « meuniers » ces ouvriers mécaniciens qui surveillent le mouvement des cylindres ou des appareils de triage, qui assurent le remplissage automatique des sacs de papier ou de toile, des caisses ou des barils — et qu'on voit, aux heures de repos, jouer au football devant l'usine ?

L'élévateur, le moulin, enfin l'abattoir-monstre, l'usine à viande de Chicago ou de Kansas City, ce sont là les pôles d'attraction du *farmer*, les foyers de sa vie économique, ses capitales.

Du moins, pour les régions que j'ai vues. Au Sud on classe dans la population agricole, dans les *farmers*, des variétés sociales très différentes, le planteur de tabac, le planteur de canne, surtout le planteur de coton. Mais je ne suis pas entré dans le domaine du roi Coton. C'est en pensant au *farmer* du Middle West que j'essaie de comprendre la situation, la mentalité, les tendances de la classe agricole, — élément sans doute essentiel de la vie politique américaine.

La question agraire.

La richesse industrielle des États-Unis ne doit pas nous faire illusion. La plus grande industrie américaine, c'est encore l'industrie agricole. C'est pourquoi le « farmer » est l'élément capital ou, comme on dit ici, la colonne vertébrale de la nation. N'est-ce pas la première nation agricole du monde?

Eh bien ! cet élément est en décroissance. Non seulement, dans la Nouvelle-Angleterre, on peut s'offrir à peu de frais, comme villégiature, une ferme abandonnée ; mais, dans l'ensemble, la terre perd une partie de sa population. Les gens des campagnes ne sont plus, depuis le dernier recensement, la moitié du total.

De quoi se plaignent les « farmers », qui représentent encore 30 pour 100 de la population active et qui produisent environ 18 pour 100 du revenu total de la nation?

Ils se plaignent de ne pas trouver pour leurs produits un écoulement suffisamment rémunérateur. On a peine à le croire, quand on voit le prodigieux mouvement de denrées agricoles — fruits, légumes, lard, etc. — dans les ports et autour des marchés des grandes villes. L'estomac américain est doué d'une énorme capacité. Ce qu'il absorbe de sucre, par exemple, est déconcertant, et il suffit d'une mauvaise récolte pour hausser les prix. Inutile, comme on l'a fait, de proposer le boycottage. Je me trouvais à New York, devant l'Hôtel-de-Ville, le jour où trois mille mères de famille avaient annoncé qu'elles viendraient jurer de restreindre leur consommation en sucre : elles étaient bien deux cents, pas beaucoup plus que les forces de police.

Mais, sucre mis à part (et de plus en plus le coton), les produits agricoles dépendent beaucoup plus que les produits industriels des marchés extérieurs, particulièrement des marchés européens. L'Amérique peut absorber, à la rigueur, toutes les automobiles de Ford, mais non tous les saindoux de Chicago, ni tout le blé, ni tout le maïs, toutes les farines de la vallée du Mississipi. La question de l'exportation est ici primordiale.

Que les hauts tarifs amènent, par réciprocité, le rétrécissement de certains débouchés ; que la hausse du dollar détourne du produit américain certaines clientèles, cela n'arrête pas une broche dans les immenses usines à coton de la Nouvelle-Angleterre ou de la Caroline du Sud. Mais l'agriculteur ne voit pas les choses avec la même philosophie. Il arrive donc que, plus loin de l'Europe, plus ignorant aussi des choses européennes, il est cependant plus sensible aux mouvements des marchés européens. Politiquement, on l'émeut davantage en lui décrivant l'état troublé de l'économie européenne. Cela explique bien des traits de la politique des sénateurs de l'Ouest.

Le rural trouve qu'on n'a travaillé que pour les industriels. A eux les bénéfices d'un tarif ultra-protectionniste. A eux aussi les facilités de crédit. La profonde réforme qui a créé le solide système des *Federal Reserve Banks* ressemble beaucoup à celle qui a, chez nous, constitué la Banque de France. Le papier négociable à quatre-vingt-dix jours, c'est du papier commercial ou industriel, ce n'est pas du papier paysan. D'autre part, cette réforme, en assainissant la situation monétaire et en faisant du dollar la monnaie-type du monde actuel, a complètement arrêté l'inflation. Or l'agriculteur, ici comme ailleurs, a ou croit avoir intérêt à l'inflation.

Il ajoute que son revenu est inférieur à celui des mineurs, des employés de chemins de fer, des ouvriers d'usine. Le seul effet du tarif sur sa situation, c'est la hausse du prix des articles qui lui sont indispensables.

Aussi les fermiers ont-ils mené une vive agitation à la veille de la clôture du Congrès. L'administration résista, se plaçant au point de vue du billet de banque, que la théorie économique interdit de gager sur des revenus agricoles, nécessairement à long terme. Mais à côté de la théorie il y a la réalité politique, à savoir le bloc des représentants agricoles qui parle en maître à Washington. Il a bien fallu capituler devant lui.

On avait déjà, dans le *Federal Reserve Act* de 1913 prévu l'acceptation à l'escompte d'un papier agricole ne dépassant pas six mois. Mais toutes les banques des États n'ont pas encore adhéré à ce système, ce qui a pour effet de rendre, en certaines régions, le crédit trop étroit. Et puis, qu'est-ce que six mois en matière agricole? On a également rendu service aux producteurs de coton, de lin, de grains, de tabac, de laine par la loi de 1916 sur les entrepôts, qui crée des reçus négociables comme colla- téraux pour les emprunts. En cette même année on avait même prévu la création de douze banques fédérales de crédit agricole.

Enfin, durant la guerre, la *War Finance Corporation* a aidé les exportateurs agricoles comme les autres. Après suspension de ses opérations en mai 1920, la Corporation a même été rétablie en janvier 1921, et elle a été autorisée à consentir des avances aux banques agricoles et aux coopératives. Mais on ne peut faire fonctionner indéfiniment une institution de guerre, et la cessation définitive du service était prévue pour le 30 juin de la présente année. Il était temps d'agir.

C'est dans ces conditions qu'en mars dernier le Bloc agricole a emporté le vote de la loi créant définitivement les douze Banques fédérales agricoles. Le capital de chacune d'elles — cinq millions de dollars — sera fourni par la Trésorerie des États-Unis, et la loi autorise en outre la création de corporations de crédit agricole, particulièrement pour les éleveurs, au capital minimum de 250.000 dollars. Ces corporations privées pourront contracter des emprunts, escompter et réescompter du papier agricole à neuf mois, ou du papier sur bétail à trois ans.

Il y aura donc maintenant une séparation complète entre les *Federal Reserve Banks*, qui ne recevront que du papier à trois mois, et les nouvelles banques, qui recevront du papier à neuf mois ou même à trois ans. Elles joueront, vis-à-vis des agriculteurs, le rôle d'intermédiaires de crédit que les banques fédérales de réserve jouent à l'égard des industriels et des commerçants. Les nouvelles banques sont présentement en train de s'organiser.

Le « farmer » est-il satisfait? Non. Il dit que l'essentiel pour lui c'est de pouvoir vendre ses produits, et à un prix qui lui permette de vivre. S'il ne tire de son travail qu'un revenu de 5 pour 100, mieux vaut pour lui, dit-il, placer son argent en valeurs de tout repos. Tout de même, on vient de lui donner une grosse satisfaction. On lui en donnerait une autre si on lui fournissait la main-d'œuvre, qui se fait chez lui de plus en plus rare.

L'Amérique sèche : Apparences et réalités.

Cambridge (Mass.), mars.

La question est capitale pour notre commerce, en particulier pour l'avenir de notre change. Comment se pose-t-elle?

Entrez dans un grand restaurant, dans un club, dans un de ces modestes *lunch rooms* où les gens pressés viennent choisir eux-mêmes leurs plats sur le comptoir ; allez dans les petits débits populaires, partout vous ferez la même constatation : pas de vin, pas de bière, pas d'alcool. C'est à peine si l'on cite quelques restaurants italiens où, sans trop de peine, on peut se faire servir du vin rouge, parfois pudiquement versé dans une tasse. Partout ailleurs, l'eau, le thé, le café, le lait, le *soda* sont les seules boissons. L'Amérique est sèche.

Allez dans les familles, même spectacle. L'eau trône sur les tables les plus brillamment servies. Parfois un second verre est réservé, pour quoi? Pour du vin sans alcool, mousseux ou non, un jus de raisin frais qui n'est pas toujours sans agrément, et dont nos vignerons pourraient s'assurer le marché ; ou une légère bière non fermentée, sorte de décoction amère, simplement stérilisée. Une ou deux fois, j'ai vu le maître de maison apporter cérémonieusement une bouteille de vin de Californie, lourd et noir comme du porto, ou même un *scotch* précieusement conservé depuis les temps antérieurs à la prohibition. On le déguste avec un respect ému.

Cela, c'est ce qu'on voit. C'est probablement la vérité pour une grande partie du pays, pour des classes entières. Des médecins, spécialisés dans le soin de la population ouvrière des grandes villes, constatent que l'usage des boissons alcooliques a totalement disparu dans leur clientèle, et que la santé physique, l'état mental et la bourse de cette clientèle s'en trouvent également bien. Que si vous leur dites : « Ne pouvait-on restreindre sans supprimer? Surtout ne pouvait-on laisser subsister le vin et la bière, en proscrivant l'alcool? — Vous ne connaissez pas, répliquent-ils, le tempérament américain, immodéré en tout, allant toujours aux extrêmes du mal et du bien. L'Américain ne buvait pas, comme le Français, pour *goûter* d'un crû ou d'une liqueur, mais pour boire jusqu'à l'ivresse totale et brutale. Il buvait pour le plaisir d'être ivre. Le seul moyen, c'était de l'empêcher de boire, de faire de cette défense une obligation civique, un principe inscrit dans la Constitution. Seule une mesure radicale pouvait être efficace. »

Efficace? D'où vient alors que le soir, en rentrant sous les arbres de Harvard, sur les étroits chemins de planches qui permettent de circuler à travers les neiges, d'où vient qu'il m'est arrivé de croiser des étudiants, des *gradués* qui puaient le whisky? D'où vient qu'au dernier bal costumé, un bal traditionnel fréquenté par la meilleure société de Cambridge et de Boston, on a pu m'affirmer que des jeunes filles étaient non pas ivres, mais saoûles? Deux, trois, quatre cocktails n'effraient point ces suaves beautés.

D'où vient qu'hier, à Washington, on a saisi chez un marchand, non seulement un stock de spiritueux évalué à 4000 dollars, mais une liste d'adresses — 500 noms alphabétiquement classés jusqu'à la lettre R — où figurent des officiers, dont une demi-douzaine des plus hauts gradés de la marine et un grand nombre de hauts gradés de l'armée, six membres du Congrès, des personnages considérables de l'un et de l'autre sexe? La liste a été publiée, et les gens dont le nom commence par les lettres postérieures à R sont mal à leur aise. Les autres disent avec raison qu'un négociant peut mettre sur ses listes des gens à qui il envoie des prospectus, et qui ne sont point nécessairement des clients. Cela est vrai. Mais les employés de cette grosse maison avouent qu'ils manipulaient dans les deux cents caisses de whisky par semaine. Dans la capitale de l'Amérique sèche, à l'ombre du Capitole !

La prohibition, ceci est le fait, n'atteint donc pas les hautes classes. Elles boivent autant que jamais, en y mettant le prix. Une bouteille de rhum se vend, sous le manteau, jusqu'à cent dollars, pour la plus grande joie des intermédiaires. On boit même, m'assure-t-on, plus que jamais, parce que l'alcool a l'attrait du fruit défendu. C'est la prohibition qui est cause, dans les collèges, de l'extension de cette très vilaine forme de l'ivrognerie : l'alcoolisme juvénile.

On va très loin pour boire. On va au Canada. Montréal, en vertu de l'option locale qui est le régime canadien, est restée une ville « humide », ce qui lui vaut en ce moment une prospérité inouïe. Mais Montréal, avec ses 20 degrés de froid, n'est pas un séjour d'hiver. Qu'à cela ne tienne. A cent quatre-vingts milles de la Floride, à cinquante-trois heures de New-York, les hasards de la politique et de la guerre ont conservé à l'Angleterre une colonie, l'archipel des Bahamas, celui-là même où débarqua, en 1492, Christophe Colomb. J'ai sur ma table un superbe prospectus qui me vante ce paradis terrestre, son éternel printemps, ses palmiers, ses bananes, sa mer bleue et tiède qui se joue sur des sables roses, ses hôtels somptueux... Ce que l'on ne me dit pas, parce que tout Américain le sait, parce qu'on me le laisse entendre en me rappelant que cet Éden est terre étrangère, c'est qu'à Nassau, la capitale, je trouverai toutes les liqueurs du monde. Voilà pourquoi la ligne des Bahamas a tant de succès, pourquoi ses luxueux steamers peuvent faire un voyage par semaine pendant l'hiver, deux par mois pendant le reste de l'année. De Nassau, ils poussent jusqu'à Cuba, autre asile des buveurs. Cuba est une république « indépendante » — et humide.

Mais tout le monde ne peut, tout de même, se payer une soixantaine d'heures de voyage pour aller tâter la dive bouteille. Alors intervient, sur place, le *bootlegging*.

Mot bizarre, dont voici l'origine. L'humble contrebandier d'autrefois mettait ses jambes, *legs*, dans d'énormes bottes, *boots*, où il dissimulait ses marchandises. Actuellement la botte est remplacée par un fond de cave, une automobile, des caisses de fruits, etc., mais le nom est resté. Les *bootleggers* sont tantôt de petites gens des faubourgs pauvres, des Irlandais, des Italiens, des Orientaux, des Juifs immigrés depuis peu. L'un des griefs du vieil Américain contre les Juifs de l'Europe orientale, c'est même qu'ils fournissent un gros contingent de *bootleggers*. Tantôt c'est un « honorable » commerçant, tel celui qu'on vient de saisir à Washington, qui tient ses livres en ordre et qui reçoit ponctuellement ses chèques. Tantôt, ajoute-t-on, c'est un agent de la prohibition, qui fait fortune en vendant aux richards les denrées mêmes qu'il est chargé de saisir !

Que fait la police ? Elle court les routes, la nuit, pour arrêter les voitures suspectes. Elle perquisitionne dans les maisons. Mais sa tâche est écrasante, et son personnel insuffisant. N'oubliez pas que la loi sur la prohibition est un article de la Constitution, donc une loi fédérale. Il y a, dans chaque État, un officier fédéral de la prohibition. Mais, pour que cette législation s'applique véritablement, il faut qu'elle soit confirmée — *enforced* — par des lois de police spéciales à chaque État. Or certains États se montrent assez mous à cet égard. Sont-ils moins absolument partisans que d'autres de la « sécheresse »? Ont-ils, parmi leur population électorale, trop de ces catégories où se recrutent les *bootleggers?* Ont-ils simplement des finances embarrassées et un médiocre désir de mettre sur pied une organisation coûteuse? Malgré les prédications des pasteurs, malgré les objurgations de la ligue contre les cabarets — *Antisaloon league* (1) — ils ne font rien pour « enforcer » la loi. Ils laissent toute la besogne à la police fédérale. Besogne qui n'est pas sans danger, car les contrebandiers tirent, et parfois tuent les agents.

Mais, direz-vous, les magasins se vident. On fait bien, clandestinement, du whisky en Amérique, mais peu. Les brasseurs de l'Ouest se sont transformés en minotiers, en fabricants de pâtes. Les vignerons californiens font des vins sans alcool, concurrencent les raisins dits de Corinthe et de Malaga. D'où vient donc le flot de liqueurs qui se déverse sur l'Amérique, flot si abondant que — dit-on avec cette manie du chiffre qui est un travers américain — 44 pour 100 du temps des procureurs de district est absorbé par l'exécution de la loi de prohibition (2)?

(1) Les mauvaises langues disent — que ne disent-elles point? — que la ligue est subventionnée par les bootleggers, désireux d'éviter une brusque dépréciation de leurs stocks.

(2) Cet article, soigneusement adressé par des Américains de Paris aux journaux de Boston, fut reproduit par eux suivant les méthodes d'information sensationnelle chères à la presse américaine : en première page, avec des titres flamboyants, les quelques lignes relatives à Cambridge ; à la page 19, ou même morcelés entre diverses pages, les

La guerre du rhum.

Cambridge (Mass.), mars.

C'est une très passionnante histoire, et qui rappelle les romans d'aventures les plus fameux.

Vous en connaissez sans doute, à Paris, les aspects pittoresques. Vous savez qu'on appelle *la flotte du rhum* — parfois, en style plus noble, *l'armada du rhum* — un groupe de bateaux qui croisent à quelque distance des côtes américaines, en dehors de la sacro-sainte limite des trois milles. Ces bateaux vont se ravitailler en rhum, en whisky, en champagne au Canada, à Saint-Pierre, aux bienheureuses Bahamas et aux Bermudes. Les forces navales de la prohibition voudraient bien les poursuivre, et elles ont essayé d'exercer une sorte de droit de visite au delà de la limite des eaux territoriales. Mais il s'en est suivi des démêlés avec l'Angleterre, démêlés qui ont eu leur écho, assez aigrelet, dans l'incident du consulat de Newcastle.

A l'abri de la ligne infranchissable, *l'armada* stationne en face de la côte du New Jersey, à proximité du grand centre consommateur et distributeur, qui est New York.

passages où j'étudiais, en toute sincérité, les divers aspects de la loi. Reproduction, dans les journaux de New-York ou d'ailleurs, des premières pages de ceux de Boston. De là un petit orage, vite apaisé : interviews, émoi de certains groupes d'étudiants, lettres aux journaux, lettres dans les deux sens, de gens qui s'irritaient et de gens qui approuvaient. Ce qui dominait, c'était le sourire : le sourire de gens avertis qui me félicitaient d'avoir touché juste. Et souvent les confidences de ceux qui me disaient : « Vous n'en avez pas dit assez ! Vous n'avez pas frappé assez fort. » L'hypocrisie anglo-saxonne est une réelle maladie sociale. Quand on débride l'abcès, le malade crie ; mais, ensuite, il lui arrive de remercier l'audacieux qui a donné le coup de bistouri. J'ai vécu là quelques heures qui m'ont plus instruit que bien des livres sur la mentalité américaine.

Elle est venue, avec une rare audace, s'embosser dans le chenal d'Ambrose, que connaissent bien tous les voyageurs, puisque c'est par là que vous fait passer le pilote quand vous entrez dans la baie. A certains moments elle est retenue par les glaces ; quand le temps s'améliore, elle s'approche. On la disait, il y a quelques jours, forte de onze navires, dont six vapeurs ; et déjà l'on notait sur la rive l'activité mystérieuse de personnes suspectes. On disait que cette flotte n'était encore qu'une avant-garde.

L'armada du rhum est armée en guerre. Car elle n'a pas seulement à redouter la police de la prohibition. Contre la flotte du rhum opèrent « les pirates du rhum », qui, eux, ne respectent pas la règle des trois milles. Faut-il croire toutes ces histoires de pirates ? Un navire arrive à Halifax avec un blessé. Le capitaine raconte qu'il était à l'ancre devant New York, avec une cargaison prise aux Bahamas. Il est abordé par un canot, détaché d'un grand vapeur. Six marins, armés jusques aux dents, tiennent son équipage en respect, lui prennent 600 caisses de whisky et 8 000 dollars, puis s'en vont en promettant de revenir... C'est très curieux ; j'ai lu cela quand j'étais petit, mais cela se passait dans la Malaisie, et les pirates arboraient des pavillons noirs à têtes de mort.

D'ordinaire, ce qui aborde les vaisseaux de l'armada, ce sont les barques des *bootleggers*. Profitant de ce que la police a été appelée ailleurs par une autre alerte, les canots se hâtent vers un coin de la côte où déjà ronflent les automobiles. Le 3 mars, jour idéal, on compte que six mille caisses furent ainsi débarquées par une centaine de petits bateaux, faisant la navette entre la côte et la flotte (1). Quelques minutes après, tout était parti vers

(1) Le *Memorial Day* (31 mai), qui immobilisait les forces de police pour la surveillance des cortèges, fut une autre belle occasion.

New York, Philadelphie, Newark, Jersey City. Courez maintenant, alguazils, courez !

Et cela n'est, paraît-il, qu'un début. Comme en toute guerre, les grandes opérations s'annoncent pour le printemps. La côte de l'Amérique sèche sera « attaquée par trois flottes convergentes » ! Vous ne serez pas étonnés d'apprendre qu'il y a des Allemands dans l'affaire. Un « magnat » allemand aurait financé une flotte de quatre ou cinq vaisseaux, enregistrés sous le pavillon de Panama — ô camouflage teutonique ! — et conduits par un ancien capitaine de la Hamburg-Amerika. Une autre flotte viendrait naturellement des Bahamas, et la troisième directement d'Europe, de Glasgow, patrie du *scotch whisky*.

Que faire ? L'Église méthodiste, qui n'y va pas de main-morte, déclare que la limite des trois milles est une relique du passé, du temps où l'artillerie tirait à cette distance, tandis que les nouvelles « berthas » tirent à vingt milles. Elle demande que des torpilleurs soient chargés de capturer ou détruire « tout navire à rhum qui approche la côte américaine assez près pour permettre d'établir le contact ».

A défaut de torpilleurs, on demande une flotille plus nombreuse et plus rapide pour poursuivre les contrebandiers. On parle aussi d'organiser contre la flotte du rhum le blocus de la faim. Car ces bateaux, qui regorgent de boissons, leurs équipages ont besoin de manger et on se demande si les canots ou les remorqueurs qui les nourrissent ne doivent pas être considérés comme des complices. Couper les vivres aux *bootleggers*, ce serait peut-être le moyen, si on ne pouvait les alimenter de l'extérieur.

A la fin de février, au Congrès, on a fait le compte de ce que coûte la lutte contre l'alcool : 20 millions de dollars jusqu'à présent, et cela fera 40 à la fin de l'année.

On espérait que la prohibition, en réduisant le crime, diminuerait les frais de la justice. Mais un tiers du budget de la justice passe à la seule défense de la loi de prohibition. Et si l'on voulait agir efficacement, il faudrait, disent les prohibitionnistes les plus sévères, 100 millions de dollars par an. *Un milliard six cents millions de francs :* une des annuités que l'Allemagne se déclare hors d'état de payer.

Devant cette faillite de la prohibition, que fait l'opinion? Les uns se révoltent franchement et demandent qu'on arrête les frais. Un député du Massachusetts disait récemment que les États où la répression est tiède (le sien en est un) ont moins de délits contre la loi de prohibition que ceux où elle est intense : l'argument est à double tranchant. Mais surtout il ajoutait : « Avant la guerre, nous tournions en ridicule les *verboten* de l'Allemagne, et nous expliquions la guerre par les règles impérialistes et bureaucratiques du kaiser. Aujourd'hui le développement de la bureaucratie dans ce pays a établi plus d'insensés *verboten* que n'en a jamais tolérés le peuple allemand. Une armée de directeurs de la prohibition, d'agents, d'inspecteurs, de commis voyagent à travers le pays, parfois sous un déguisement, mettent leur nez dans la boutique de chacun et dans la cuisine de chacune, tendant des pièges au pauvre monde ; cours fédérales et magistrats du parquet sont obligés de consacrer tout leur temps à ces poursuites, au détriment de toutes les autres affaires. » Et contre l'*Antisaloon league* se constituent des associations pour le rappel du dix-huitième amendement. On s'accuse réciproquement de manœuvres politiques et de tripotages financiers.

Ce qui est plus inquiétant, c'est que les boissons, dans

les parties du pays où elles sont effectivement proscrites, sont remplacées par un mal bien plus dangereux, les *drogues* comme l'on dit ici, opium, cocaïne et similaires. Les adversaires de la loi constatent le très inquiétant accroissement de la consommation de ces drogues, et aussi l'accroissement de la criminalité et de l'insanité qui en est la conséquence.

Ils s'appuient sur les récentes déclarations du général Allen qui, revenant du Rhin, a déclaré qu'en laissant boire à ses hommes du vin et de la bière il les avait empêchés de boire de l'alcool. Il est vrai que son fils, le capitaine Allen, a épousé une Bourguignonne ! Le général répondait ainsi à ceux qui disent : « Si la prohibition n'avait pas existé, il y aurait eu, au retour des troupes, une orgie d'ivrognerie ! »

Les idées modérées font leur chemin. Déjà la législature de l'État de New York a demandé au Congrès de rendre légal l'usage des « vins légers » et de la bière. L'idée triomphera-t-elle sous cette forme? Cela serait peu américain. C'est ici, nous le répétons, le pays du tout ou rien. Les prohibitionnistes font d'ailleurs valoir que la loi, dite loi Volstead, est en réalité le dix-huitième amendement à la Constitution. Il appartient au Congrès d'abroger, dans les formes constitutionnelles, cet amendement, mais non pas de rendre légal, même partiellement, ce que la Constitution défend.

On commence donc à dire que la question de la prohibition — la *liquor issue* — jouera un rôle prédominant dans les élections de 1924. Impossible de savoir qui l'emportera. Actuellement l'accord semble se faire sur cette formule : pousser jusqu'à l'extrême les mesures d'exécution de la loi ; ou elles réussiront, et l'Amérique sèche sera une vérité, ou elles produiront un tel mécontentement que le Congrès devra y renoncer (1). Comment se fera, sur cette question, le classement des partis?

(1) Depuis, plusieurs États, imitant ceux qui avaient refusé d'adopter une législation « renforçant » chez eux la loi fédérale (par exemple le Massachusets et le Maryland, qui confine au district de Columbia) ont abrogé les lois qu'ils avaient d'abord votées. J'ai assisté à New York, à une réunion où l'on célébrait, à grand renfort de Volnay et de Bénédictine, les funérailles de la loi d' « enforcement ». Depuis juin, la situation est la suivante dans cet immense État, qui s'étend du front de mer au front des lacs : la police fédérale continue à empêcher l'entrée de l'alcool, si elle le peut. Mais une fois entré, il échappe au contrôle de la police d'État. Et comme les lois anciennes contre l'alcoolisme ont été balayées par l'amendement Volstead, la situation est bien plus grave qu'au temps où l'État était humide. Rappelons enfin qu'un arrêt de la Cour suprême, déclarant la loi applicable aux navires étrangers, dans les eaux américaines, a entraîné le gouvernement fédéral en de graves complications internationales.

CHAPITRE IV

L'ÉVOLUTION DE L'ESPRIT PUBLIC

L'opinion américaine.

Cambridge (Mass.), 6 février.

Plus les jours se suivent, et plus je m'aperçois qu'on ne saurait parler d'*une* opinion américaine. Il y a, dans cet immense pays — au vrai, dans ce continent — autant d'opinions que de régions et de milieux. Quand nous parlons en Europe des États-Unis, nous oublions toujours que, pour aller de New York à San Francisco, il faut *quatre fois* faire faire à l'aiguille de sa montre un tour de cadran. Nous oublions aussi qu'en ce même mois de février où la région des Grands Lacs subit des rigueurs polaires, où ici même, à Boston, le thermomètre descend au-dessous de — 15° centigrades, on s'étend paresseusement sur le sable en Floride. Nous oublions aussi la distance morale qui sépare telle vieille famille de la Nouvelle-Angleterre, de pure souche anglo-saxonne, ou simplement mêlée d'éléments hollandais, canadiens, scandinaves, et tel groupement de Slaves orientaux, d'Italiens, de Syriens, hâtivement américanisés. Ce sont là des faits connus, mais que nous ne nous représentons pas.

Je sens très bien que je vis en ce moment, à tous les égards, dans un milieu très particulier. Boston, la grande ville voisine, s'enorgueillit encore d'avoir été le berceau des colonies puritaines et le premier foyer de l'indépendance. En son noyau central, elle a gardé quelque chose de son allure de jadis. On y trouve encore, conservés comme des fossiles, quelques petits édifices aux pignons à la flamande, qui font l'effet le plus bizarre à côté des *buildings* de fer et de béton ou des palais soi-disant à l'italienne qui, sous une attique venue en droiture de la place Farnèse, dressent impudemment leurs dix ou douze étages. On y voit encore, dans ce vieux Boston, des rues en pente, des rues qui tournent, bref des coins d'Europe. Pour se sentir en Amérique, il faut sortir de l'ancienne ville, suivre les interminables avenues qui réalisent le plan d'extension urbaine. Jetées à travers des terrains vagues, bordées sur des sections de leur parcours d'édifices des styles les plus variés, mais dont le type se répète identique à lui-même durant des kilomètres, elles sont bien américaines, avec leur Opéra de brique qui s'érige au bord d'une fondrière, et, là-bas, dans des terrains conquis sur les marais, le cyclopéen musée des Beaux-Arts.

Musées, bibliothèques, ce sont les monuments dont les Bostoniens sont le plus fiers. Leur grande bibliothèque, la seconde ou troisième d'Amérique, porte cette inscription, empreinte d'un légitime orgueil : « Construite par le peuple, pour l'avancement de la science. »

Là triomphe la sérénité aérienne de notre Puvis. Le musée n'est pas seulement riche comme il sied à un musée américain ; c'est un temple du goût. Rien de plus exquis, par exemple, que la section japonaise, le jardin de pagode où les plantes poussent autour des eaux fraîches et où, sur le sable fin, on voit, au pied des Bouddhas, la trace des pieds des fidèles.

Dans cette immense Amérique, la Nouvelle-Angleterre, surtout le Massachusetts, est un monde à part, un fragment d'Europe. Boston tient à garder ce caractère. « Boston, dit-on avec une nuance d'orgueil, Boston n'est pas un lieu ; Boston est un état d'esprit, *a state of mind.* » Mais il y a quelque chose de plus « vieux pays » que Boston, c'est Cambridge, la ville sœur séparée de la métropole par toute la largeur de la Charles River, en ce moment nappe de glace.

Cambridge, en plusieurs de ses quartiers, c'est le séjour du repos et du silence. Non seulement l'université Harvard y a groupé ses bâtiments dans une espèce de parc entouré de grilles et où ne pénètrent ni voitures, ni tramways, mais des avenues partent de là, bordées de vieux arbres. Les maisons ne s'y pressent, ne s'y serrent pas les unes contre les autres ; elles n'y montent point vers le ciel. Posées dans leurs jardins comme les maisons de poupée d'un joujou de Noël, ce sont des villas sans étages, à un, deux étages tout au plus, presque toujours construites en bois, rarement ornées de quelques briques. Elles s'ouvrent tantôt par un petit portique également en bois, imitant le devant d'un temple grec, tantôt par une colonnade semi-circulaire. Parfois des vérandahs ouvertes au vent rappellent les maisons scandinaves. C'est le style « colonial », c'est-à-dire qu'il date du temps où le Massachusetts était une colonie. Plusieurs de ces maisons remontent en effet à cette époque ; le rude chêne dont elles furent faites, apporté tout exprès d'Angleterre, abrita plus de cent années de liberté américaine — et il est toujours intact. En celle-ci, George Washington eut son quartier général, et elle fut la demeure de Longfellow. On montre avec piété telles autres, qu'ont habitées les anciens présidents de l'Université, de ce vieux collège qui s'ouvrit en 1636, l'année du *Cid*, l'année où naquit l'Académie. 1636, pour un homme de l'Ouest, c'est le haut moyen âge ! Cambridge est une ville antique. Sous tel orme séculaire s'abrita un jour presque toute la petite troupe qu'on appelait en ces temps *l'armée continentale.*

En cette studieuse retraite vivent des hommes, professeurs, gradués, anciens étudiants, dont l'éducation fut en grande partie européenne. Plusieurs ont été à Oxford, ou bien à l'autre Cambridge. Nombreux sont ceux qui connaissent la France, et, parmi les jeunes, beaucoup sont fiers d'y avoir mené, il y a quelques années, le bon combat. Il n'est pas rare d'entendre un père de famille, très ignorant du français, vous dire avec une charmante gaucherie que son fils, ou son gendre, a été grièvement blessé à Château-Thierry. Telle dame me conte combien furent douloureuses, pour elle et pour ses compatriotes de la Nouvelle-Angleterre, ces années 1914-1917 où ils avaient, comme nous, l'esprit de guerre, où ils auraient passionnément voulu être à nos côtés et où ils sentaient, au delà des Alleghanies, la masse lourde à remuer, indifférente, ignorante.

Donc, ces gens sont habitués à regarder au delà de l'Océan. Ils ont voyagé, quelques-uns jusqu'en Russie. Ils étudient l'histoire de la Pologne, celle de la Bohême. Ils se rendent compte des liens qui nous rattachent à l'Europe centrale. Certains ont pour la France mieux que de la sympathie, une sorte de dévotion adorante et attendrie. Ils aiment tout de la France : ses paysages, ses provinces — car ils savent qu'elle n'est pas enclose dans Paris et limitée à quelques « côtes » d'azur, d'émeraude ou d'argent ; ils en connaissent les diversités régionales. Ils en goûtent l'art et la littérature. J'ai rarement entendu parler de Michelet, de Renan, d'Anatole France comme dans certains clubs de Cambridge ou de Boston.

Qu'en ces milieux le Français soit accueilli avec une cordialité touchante, cela nous renseigne sur l'esprit du lieu, non sur celui de l'Amérique. A Boston, les clubs, les bibliothèques, les banques même arborent, dans leur vestibule, les drapeaux des principales nations alliées. Dans la magnifique bibliothèque érigée à Harvard par la piété d'une mère — en souvenir de son fils Harry Elkins Widener, mort dans le naufrage du *Titanic* — pas un étudiant, je dis pas un seul ne passe devant ces trophées sans se découvrir. En ce moment même, c'est un événement local que l'élection des jeunes ouvrières et employées invitées à visiter la France par le Comité d'aide aux régions dévastées, comité qui porte ce joli nom : « le Bon Vouloir ».

Quoi d'étonnant si mes interlocuteurs dévorent avec passion les nouvelles de la Ruhr, s'ils souhaitent ardemment notre succès — même ceux d'entre eux qui, en leur for intérieur, trouvent que nous avons tort. Car leur volonté est de trouver, ou de dire, que la France a toujours raison.

Mais quelques-uns, en ce mois de février, nous disent doucement qu'ils croient que nous avons tort.

Et puis, il y a eu l'affaire turque ! Quand nous nous inspirions uniquement du souci de la paix en Orient, de nos intérêts moraux et matériels dans l'empire ottoman et dans les régions qui en ont été détachées, de notre position comme puissance musulmane, quand nous croyions même rendre service à l'Angleterre en lui évitant une guerre sainte aux Indes, nous figurions-nous que nous allions soulever contre nous l'âme américaine? Sur ce point, les Américains ont été à peu près unanimes. Le puritanisme, qui a cessé d'être une doctrine religieuse pour rester une habitude morale et une attitude de l'esprit, le puritanisme s'est trouvé d'accord avec le catholicisme des Irlandais, avec la religion solide et massive des fermiers de l'Ouest. Toutes les sectes — et le Christ seul peut en savoir le nombre — toutes ont cru voir en nous des traîtres à la chrétienté. Ce qu'on disait dans l'Europe du seizième siècle de François Ier envoyant sa bague à Sultan Suleyman, on l'a pensé de M. Poincaré négociant avec le gouvernement d'Angora. Une sorte de croisade arménienne (plutôt que grecque) s'est déchaînée sur ce pays. La France turcophile a été regardée par nos amis de l'Est avec un étonnement attristé, par les autres avec irritation. Aux premiers, il est encore possible de faire entendre nos très sérieuses raisons, et l'argument de la paix nord-africaine leur paraît d'une haute valeur. Mais les gens de l'Ouest, même les intellectuels, distinguent mal un Arabe ou un Kabyle d'un nègre et considèrent l'Islam comme une religion de sauvages, une sorte de mormonisme barbare. Pour ceux d'entre eux qui savent l'histoire, le pays de Charles Martel semble avoir fourni aux Musulmans l'occasion d'une revanche de Poitiers. Et, pour nous donner une idée de leur ignorance de nos affaires, de la simplicité un peu rapide de leurs jugements, l'un d'eux me disait : « Vous vous êtes séparés de l'Angleterre, à cause de la question de Mossoul. » J'ai dû lui apprendre qu'elle était réglée, en ce qui nous concerne, depuis 1919.

Aussitôt après l'explosion de cette agitation antiislamique contre la France, a débarqué la mission économique anglaise. Le moment était des plus opportuns, car les mêmes hommes qui venaient de parler religion étaient tout prêts à parler affaires. Leur pensée est faite de ces contrastes, sincère quand elle se passionne pour la croix, sincère aussi quand elle compte des dollars. L'argument économique doit toujours, si l'on veut entraîner les Américains, venir au secours de l'idéalisme sentimental. C'est une chose à ne jamais oublier.

Le règlement de la dette anglaise.

Cambridge (Mass.), 8 février.

Nous aurions tort de ne pas prêter la plus grande attention au message du président Harding. Il l'a présenté de la façon la plus solennelle, en personne, et devant une assemblée conjointe des deux Chambres. Le texte de ce document (du moins de toute la partie relative aux dettes) est approuvé par des Américains de tous les partis. On pense à peu près unanimement que le bill acceptant l'arrangement anglo-américain sera voté sans difficulté d'ici peu de jours, en tout cas avant que le Congrès actuel ait vu expirer ses pouvoirs (vous saurez bientôt si je me suis trompé). Nous avons donc sur un point ce que nous cherchons et ce qu'il est si difficile de trouver : l'opinion de l'Amérique.

Les dépêches vous ont fait connaître sans aucun doute les détails financiers de l'arrangement : la dette anglaise fixée en principal à un peu plus de 4 milliards de dollars, les intérêts non payés à moins de 630 millions. Compte tenu des payements déjà faits et de 4 millions de dollars qui seront payés en espèces, c'est un total de 4 milliards 600 millions de dollars que le gouvernement britannique remettra sous forme de bons au gouvernement des États Unis. Le principal sera payé par acomptes annuels (ou triennaux), dont le montant ira croissant : 23 millions de dollars dans les premières années, pour atteindre 175 millions dans la soixante-deuxième année, avec faculté d'anticipation. Les intérêts aussi croîtront avec le temps : 3 pour 100 jusqu'au mois de décembre 1932, et 3 et demi de juin 1933 jusqu'à paiement final. Pendant les cinq premières années, l'intérêt pourra être joint au principal.

Pourquoi cet échelonnement des paiements, où les échelons s'élargissent à mesure que l'échelle monte? Parce que la commission admet que c'est à l'heure actuelle que la Grande-Bretagne doit faire face aux plus grandes difficultés, le chômage et les impôts très lourds. On estime donc « équitable et désirable que les paiements durant les toutes prochaines années soient établis sur une base telle et avec une telle souplesse qu'ils puissent encourager le relèvement économique non seulement dans les pays directement intéressés, mais dans le monde entier ».

Cet arrangement dépasse donc, aux yeux de ceux qui l'ont préparé, le cadre déjà suffisamment large des relations anglo-américaines. C'est, dit encore la commission, « le premier grand pas effectué pour le règlement des obligations intergouvernementales nées de la guerre ».

Le premier pas... Cela signifie qu'il y en aura d'autres. Ainsi l'entend bien le message présidentiel. « Il ne faut pas se dissimuler, déclare-t-il, que la rupture des engagements britanniques aurait répandu à travers le monde un découragement politique et économique, et qu'il s'en serait vraisemblablement suivi une répudiation générale des dettes. » L'arrangement anglo-américain ne doit pas être seulement considéré en soi. Dans l'esprit des Américains, il pose un précédent et indique des règles.

« Le monde, continue le message, réclame aujourd'hui le respect des accords, la sainteté des conventions, la validité des contrats. » La France n'enregistrera pas sans satisfaction ces paroles. Nous avons dans nos archives tant de morceaux de papier qui débutent par ces mots : « L'Allemagne s'engage... *Germany undertakes...* » Il y en a même où l'Allemagne s'engage « sans conditions ni réserve ». Oui, la validité des contrats, voilà qui ferait bien notre affaire. En ce sens, l'accord récent, avec le commentaire qu'en donne le président, est bien « la première éclaircie d'un ciel obscurci par les nuages de la guerre dans un monde écrasé de dettes, et le sincère effort d'une grande nation pour confirmer ses engagements financiers et pour s'acquitter de ses obligations avec le sens le plus élevé de l'honneur ». La France a donné, il y a cinquante ans, la preuve qu'elle possédait à un rare degré ce sens de l'honneur financier.

Non seulement, pour le président, l'accord règle définitivement une question née de la guerre, mais il a une portée plus haute. M. Harding y voit « une garantie contre la guerre et les dépenses de guerre, un triomphe pour cette politique de production et d'économie qui fortifie la stabilité dans la mesure où elle liquide les obligations ». Il ajoute, dans un élan presque mystique : « C'est un pacte, un *covenant*, de paix et de reconstruction, de respect mutuel et de coopération. »

En quoi ce pacte financier est-il une garantie de paix, nous ne l'apercevons pas du premier coup. Assurément l'Angleterre, obligée de débourser chaque année des sommes qui pourront dépasser 150 millions de dollars, et cela pendant au moins soixante-deux ans, ne pourra augmenter ses dépenses militaires et navales. Mais qui nous garantit que l'Amérique ne fera de ces formidables rentes qu'un usage pacifique? Cent cinquante millions de dollars, plus de sept cent cinquante millions de francs-or...

Et les économistes qui nous enseignaient gravement : 1º qu'il est impossible de transférer de nation à nation, autrement que par des exportations de marchandises, des sommes d'un certain volume; 2º qu'il est vain de parler d'une dette dont les paiements s'échelonnent sur un trop grand nombre d'années ! L'Angleterre va faire passer l'Atlantique à près de 24 milliards de francs-or, et les échéances de ses bons pèseront sur deux générations !

Ceci, nous le répétons, est un précédent. L'exposé des motifs du bill présenté à chacune des deux Assemblées, en approuvant le projet déposé par le président, ajoute : « Est autorisée la conclusion d'engagements analogues en leurs termes, avec d'autres gouvernements débiteurs des États-Unis. »

Voilà qui est clair. On laisse d'ailleurs entendre que, dans chacun des cas tout comme dans le cas anglais, les États-Unis s'inspireront, pour fixer les modes de paiement, la durée des obligations, le calcul des intérêts, de la position des États débiteurs. Sur ce terrain, des négociations sont possibles qui amèneraient, comme dans le cas anglais, « à la stabilité dans les échanges et au développement du commerce entre les deux pays ». Mais on enlèvera difficilement de la tête des Américains l'idée que le règlement des dettes est une condition essentielle du retour de la paix, bien mieux « un pacte de paix ».

Attendons-nous donc à les voir soutenir cette thèse, en espérant qu'ils voudront bien l'appliquer également à toutes les dettes, de toutes les nations. Mais ne croyons pas nous en tirer par cette réponse, spirituelle peut-être, assurément irritante pour nos amis, qu'ils nous réclament notre argent pour distribuer le *bonus* aux *Sammies* mobilisés. Le président Harding, qui a opposé son veto au *bonus*, a bien soin de réclamer du Congrès « un vote franc, exclusif et direct, sans y mêler aucune mesure relative à l'affectation des sommes que le programme de règlement mettra à la disposition de la Trésorerie fédérale ». Le président triomphera-t-il aussi sur ce point ? En tout cas, ce n'est pas cela qui empêcherait le bill de passer.

Ne nourrissons pas davantage l'illusion qu'une administration démocrate sera plus coulante. Au contraire, le seul reproche que les chefs du parti démocrate fassent au projet de bill, c'est que, « pour les autres règlements, il ouvre la porte à des conditions encore plus libérales que celles qui ont été convenues avec la Grande-Bretagne, et qu'il soustrait ainsi au contrôle du Congrès le reste de la dette, qui monte environ à 6 milliards de dollars ».

Nous voilà donc dûment avertis. Sur cette question des dettes nous connaissons, et sans aucune équivoque possible, l'opinion américaine (1).

La propagande allemande.

Cambridge (Mass.), février.

Elle est, comme toujours, multiforme et insinuante.

Elle procède rarement par attaques directes ; elle vise surtout à faire considérer la France comme une quantité négligeable. C'est une vieille tradition. Ouvrez, par exemple, le *Baedeker* des États-Unis, édition en anglais (la dernière parue, je crois) de 1909. Vous y lirez (ceci est à la page XXXI) un résumé historique où l'on a réalisé ce tour de force de raconter la guerre de l'Indépendance sans même mentionner les noms de La Fayette et de Rochambeau. On dit seulement, après avoir relaté la capitulation de Saratoga, ceci, qui est délicieux : « *Les*

(1) Je ne dis pas qu'elle soit unanime ni que, depuis février, l'idée d'une annulation ou d'une atténuation de la dette française n'ait fait quelques progrès. Certains banquiers l'ont préconisée, pour des raisons économiques. Deux grands avocats, M. R. C. Leffingwell déjà dans la *Yale Review* d'octobre 1922, M. W. D. Guthrie dnas une adresse au barreau de Delaware le 22 juin 1923, soutiennent cette thèse pour des raisons morales et juridiques. Mais elle n'a certainement pour elle, à l'heure présente, qu'une minorité. Et le règlement de la dette anglaise lui enlève une part de sa force.

fruits de la victoire furent la reconnaissance de l'indépendance des États-Unis par la France et le traité d'alliance avec la France... » Voyez-vous ces vaillants Français qui volent au secours de la victoire ! A la page suivante, la paix de Versailles devient « le traité de paix », sans mentionner le lieu. Pourtant, en 1909, le nom de Versailles n'était pas encore en exécration à tout bon Allemand. Mais déjà il n'était pas bien de rappeler le grand rôle joué par la France.

Tous les prétextes sont bons. Hier c'était le retour du millier de soldats américains revenant du Rhin. Ils arrivaient cependant sur un bateau baptisé glorieusement le *Saint-Mihiel*. Mais on les a laissés trop longtemps là-bas, ils ont trop vécu avec la population locale, pour laquelle on ne peut leur demander de nourrir des sentiments de haine. Ils ont épousé — c'est-à-dire que soixante-cinq d'entre eux ont épousé — des Allemandes, et certains ramènent non pas seulement leurs femmes, mais des enfants. La sensibilité américaine s'est donné, à ce propos, libre carrière. Les journaux de toutes nuances nous ont abondamment parlé des fiancées allemandes, des *German brides*, qui s'appliquent naïvement à prononcer l'anglais. Ils nous ont peint, en termes touchants, le petit né là-bas et qui se jette, au débarqué, dans les bras de sa grand-mère. Et puis, les reporters ont fait causer les soldats, les « braves gars », comme on dit, les *doughboys*. Et les *doughboys* de répondre : « Après tout, on était bien à Coblentz. Sûr, je ne regrette pas de revoir les États. Tout de même, la paie était bonne ; pour mes dollars, j'avais des marks à la pelletée. Avec cela, logé comme un prince, pour un *cent* de la bonne bière, tandis qu'en ce sacré pays sec... Ce n'est pas pour dire, je suis content de revoir le pays, mais il y avait là-bas de bonnes gens, *very nice*, témoin la femme que j'ai prise... Ah ! on se disputait ferme, quelquefois, avec les camarades français, à propos de la Ruhr... »

Voilà à quoi servent les *German brides*. Il est vrai que les difficultés opposées par l'administration formaliste de la Guerre à ces héros mariés, la lenteur avec laquelle on liquide leur solde, l'inquiétude où ils sont au sujet des frais de subsistance et de voyage de leur nouvelle famille, tout cela n'est pas sans calmer l'enthousiasme du début. Mais le résultat, ce sera la formation de comités pour fournir du lait à ces petits enfants nés de mères allemandes, et sans doute aussi aux petits Allemands de Coblentz. Pensez donc ! des journaux de la vallée du Mississipi ont imprimé gravement que les officiers français faisaient mourir de faim des enfants dans la Ruhr, et que chaque officier exigeait pour son ordinaire *cinq litres* de lait par jour. Cinq litres, vous avez bien lu ! On boit cependant du vin et de la bière, là-bas.

Ces journaux, ce sont les fameux journaux Hearst, qui demeurent très puissants. Hearst fournit à une multitude de feuilles locales leurs éditoriaux, leurs suppléments illustrés du dimanche. Pour des journaux qui paraissent sur vingt, trente pages, cette aide est infiniment précieuse. Hearst a entre les mains une grande agence d'informations, l'*United Press*. Il « contrôle » deux sociétés cinématographiques, et toujours dans les représentations de ce ces sociétés se glisse un film déplaisant pour la France, où le Français est un être léger et cruel, la Française infailliblement une dépravée. Or la presse de Hearst domine le Middle West, le monde des fermiers, des marchands de porcs, etc., qui ont vu se fermer devant eux le marché allemand, et qui ont d'ailleurs au milieu d'eux ces villes à moitié allemandes, Milwaukee, Chicago, Saint-

Louis... On a pu faire à M. Clemenceau, à Chicago même, un grand succès personnel, d'abord parce que tous les Américains ont admiré le courage, l'endurance, le patriotisme du grand vieillard et puis aussi parce que, dans une ville aussi énorme, on peut toujours grouper dix, vingt mille personnes pour acclamer une thèse qui n'est pas celle de la majorité. Mais cette campagne, si elle a, je le répète, valu au vieux Tigre l'admiration à peu près unanime de ses auditeurs, elle n'a rien changé à rien, ni dans l'Ouest, qui nous est resté hostile, ni dans l'Est, où nos amis travaillent pour nous.

Quoique nous ne fassions pas grand chose pour les aider, que nos services d'information soient médiocres, beaucoup des journaux de l'Est essaient de nous soutenir. Du moins publient-ils sans commentaires les longues tartines qui leur viennent de Berlin. Ils sont bien obligés de dire à leurs lecteurs que nos officiers dans les rues d'Essen promènent leurs cravaches sur le dos des pauvres Allemands, mais ils le disent entre guillemets, sans en prendre la responsabilité. Nous, nous ne leur fournissons pas d'articles, peu d'interviews ou de longues dépêches. Nous croyons avoir tout fait quand nous avons, dans un journal parisien, écrit un bel article à l'usage des Américains. Cet article, les Américains ne le liront jamais. Mettons-nous bien ceci dans la tête : le journal étranger n'arrive pas en Amérique ; il ne se vend pas dans la rue, il n'est lu que par le groupe des intellectuels, dont l'opinion est à peu près faite d'avance. N'oublions pas non plus que la communauté de langue confère au journaliste anglais une immense supériorité, à un moment où la propagande anglaise ne suit pas toujours des voies agréables à la France. Or les Allemands envoient ici des journalistes allemands, qui savent l'anglais. Que ne faisons-nous de même?

A côté des journaux, les revues. Tous les intellectuels, même dans l'Est, ne sont pas avec nous. Certains se piquent de libéralisme, voire de radicalisme, et croient à la légende de la France réactionnaire et impérialiste. Il y a, dans chaque université, parmi les innombrables clubs d'étudiants, un *Liberal club*. Ces *Liberal clubs*, ne nous y trompons point, sont des milieux de culture pour les idées anti-françaises. Ils ont pour organes la *New Republic* et *The Nation*. Lit-on ces revues à Paris, dans nos bureaux de rédaction? Si non, l'on a tort. Nulle part la haine de la France ne s'étale plus magnifique. Le dernier numéro de *The Nation* ne se contente pas de nous dénoncer comme les ennemis de la paix, le grand obstacle à la reconstruction du monde. Il propose sérieusement d'organiser le boycottage économique de la France. Le blocus de la faim, que ces mêmes esprits trouvaient criminel contre l'Allemagne en guerre, ils le projettent contre la France, en pleine paix. Et la revue arbore, en première page, des noms de collaborateurs français.

Comme ces revues, sur bien des points, soutiennent des thèses réellement libérales et humanitaires (contre l'antisémitisme, contre l'inégalité des races, etc.) elles captent la faveur des éléments généreux de la jeunesse universitaire.

Quel effet cette propagande produit-elle sur la masse des lecteurs?

Une partie assez intéressante des journaux américains, c'est leur « boîte aux lettres », où ils reproduisent les nombreux envois de leurs lecteurs, souvent des lectrices. Très souvent ces lettres roulent sur la politique franco-allemande, la question des responsabilités de la guerre, celle des atrocités, des réparations, celle de la Ruhr. Trop nombreuses sont les lettres où l'on pleure sur la misère des Allemands innocents, mais nombreuses également celles où l'on oppose à la douceur des méthodes françaises d'occupation les méthodes suivies par les Allemands à Lille pendant la guerre et, pendant cinquante ans, en Alsace ; celles où l'on rappelle avec quelle dignité la France a payé l'indemnité de 1871, sans abaisser la valeur de sa monnaie, sans troubler l'équilibre économique de la planète. Beaucoup, dans l'affaire de la Ruhr, nous souhaitent bon succès, et souscrivent à ce mot tout récent du vieil Edison : « Les Français ont raison de faire aux Allemands une visite d'affaires, *a business' call.* »

En ce moment, l'élection, dont j'ai parlé, des déléguées dans les régions dévastées sert de prétexte à plusieurs journaux pour republier d'utiles statistiques sur les destructions dont nous avons été victimes et sur l'effort de la reconstruction, pour décrire ces régions telles qu'elles étaient il y a quatre ans.

Ce monde américain est si vaste, si divers, qu'il est bien malaisé de conclure. Un de nos compatriotes qui revient du Sud me dit qu'au-dessous de la latitude de Washington le pays est très chaud pour nous, aussi chaud que le bloc du Middle West nous est hostile. Là-bas on a unanimement approuvé le sénateur Reed qui a eu le courage de proclamer, avec une réelle éloquence, le droit de la France. Là-bas des journaux paraissent avec cette manchette : « La cause de la France est juste. »

Faut-il conclure avec l'un des représentants les plus éminents de la presse américaine, M. Frank H. Simonds, dont l'article du dimanche est reproduit par plusieurs très grands journaux ? « *Le sentiment public aux Etats-Unis est avec la France* », tel était le titre de son article de dimanche dernier, 11 février. « Il est clair, disait-il, que si, dans les cercles officiels de Washington, la désapprobation de l'action franco-belge demeure constante, un insensible changement est en train de se produire dans le pays. Il y a une semaine, je remarquais ici que le sentiment, à Washington et dans le pays, était hostile à la politique française. Mais depuis lors, j'ai reçu plusieurs lettres significatives, provenant de partout, de Boston à Saint-Louis, toutes déclarant que j'étais dans l'erreur et que le sentiment public était avec les Français. Cette impression, j'ai pu le savoir, commence à atteindre les cercles officiels... Si le sentiment national très largement répandu continue à se développer, il deviendra de plus en plus difficile à l'administration de tenter une intervention qui ne serait pas bien accueillie par les Français. »

Ces mots, venant d'une telle plume, sont pleins de sens. La propagande allemande, comme il arrive, dépasse le but. Toutes les femmes de professeurs allemands ont reçu la consigne d'écrire à leurs collègues américaines pour leur dépeindre la misère allemande, la dernière fête de Noël sans arbre orné de petites bougies et sans gâteaux, le tramway qui coûte trop cher pour faire les courses les plus indispensables, les souliers qui s'usent, et le pain sec... Les Américains n'aiment pas beaucoup les « pleurards », pour reprendre un mot d'Édison. Ils savent que d'autres nations souffrent, et cachent leurs souffrances par dignité. Ils rient de celles qui les étalent.

Tout de même, ce n'est pas une raison pour nous laisser oublier. Nous ne pouvons négliger l'opinion d'un peuple de plus de cent millions d'âmes et qui détient près de la moitié de l'or du monde (1).

(1) Depuis, nos services d'information ont été organisés à New-York sur un plan nouveau. Nous n'entrerons point, en ce volume, dans le détail de cette organisation.

De l'américanisme et de ses variétés.

Boston, 19 février.

De tous les courants d'idées qui traversent en ce moment les États-Unis, il n'en est pas de plus général que celui-là, ni sans doute de plus puissant.

Ce serait définir insuffisamment l'américanisme que de l'appeler un nationalisme américain. Il peut coexister, dans certains esprits, avec un chauvinisme agressif, hostile aux autres nations. Mais on le rencontre aussi dans des âmes très élevées, animées de vives sympathies pour telle ou telle des nations européennes, et cependant passionnément désireuses de fonder la nation américaine sur des bases purement américaines.

Plus qu'une théorie politique et sociale, l'américanisme est un phénomène intellectuel, disons même un sentiment.

Pour se rendre compte de ce sentiment, il faut se représenter ce qu'a été l'histoire des États-Unis depuis le jour où le premier vapeur traversa l'Atlantique. Les petites communautés de planteurs du Sud, de petits propriétaires, de marchands et d'artisans du Nord s'ouvrirent tout d'un coup à l'immigration européenne, d'abord lente et assez régulière, puis de plus en plus rapide.

Donc, à tout moment depuis 1820, le peuple des États-Unis s'est trouvé composé de deux éléments : d'une part, les Vieux-Américains, descendants des familles « coloniales », accrus des fils d'immigrants ou de ceux des immigrants qui s'étaient franchement, complètement adaptés au milieu, disons le mot : américanisés ; d'autre part, la masse croissante des nouveaux arrivants, dont les idiomes, la mentalité, les mœurs, les habitudes de vie, n'avaient rien de commun avec ceux des habitants anciens ou assimilés. A tout moment donc se posait le même problème : comment ces nouveaux venus se fondront-ils dans le peuple des États?

La solution, pendant longtemps, sembla facile. Outre que tous les problèmes disparaissaient devant ce problème essentiel : peupler un continent vide, le volume de l'immigration n'était pas tel que la masse préexistante ne pût l'absorber. De 1821 à 1850, l'Union n'a reçu en tout que deux millions et demi d'étrangers, pour une population qui était, à la première de ces dates, de près de 10 millions, à la seconde de plus de 23. Mais, dans les premières années du vingtième siècle, c'est souvent par *plus d'un million*, parfois par près d'un million et demi que se chiffraient les arrivages *annuels*. Même pour un peuple de cent millions d'âmes, c'est une rude tâche que d'assimiler un million d'âmes nouvelles par an. D'autant plus qu'en raison même de la marche accélérée de l'immigration des années antérieures, la proportion des Vieux-Américains allait en diminuant dans la masse même qui devait digérer les nouveaux venus. Ceux-ci trouvaient de plus en plus, sur le sol américain, des groupes organisés de leurs propres congénères. Englobés à leur arrivée dans ces groupes, ils se défendaient mieux contre l'ambiance américaine.

La courbe de l'immigration, ascendante dans l'ensemble, n'était cependant pas une courbe régulière. Suivant que la misère — une disette, des troubles populaires, des persécutions politiques ou religieuses — chassaient d'Europe un plus ou moins grand nombre d'individus, la courbe subissait de brusques soubresauts. L'assimilation en devenait plus malaisée.

Ce n'est pas seulement la quantité qui variait, mais la qualité. En 1820, l'Europe du Nord-Ouest, l'Europe centrale et l'Europe du Nord fournissaient les 93 pour 100 des Néo-Américains ; en 1910, elles n'en fournissaient plus la moitié. Les Italiens, qui apparaissent pour la première fois dans la statistique de 1878, devinrent un torrent : 286 000 en 1907. Puis les populations orientales, Galiciens, Slovaques, Ruthènes, Polonais, Roumains, Juifs de Russie fuyant les progroms, puis les Arméniens, les Syriens, etc., tout un flot de peuples bigarrés se précipita sur l'Amérique. Peuples très éloignés, de toute façon, du primitif noyau anglo-saxon et par conséquent bien plus réfractaires à l'américanisation que ne l'avaient été les Français et Canadiens, les Scandinaves de l'époque primitive, les Allemands de 1848 et même ceux des Allemands qui vinrent avant la fondation du Reich.

Ajoutez à ces éléments nouveaux qui entraient dans le creuset (le *melting pot*) américain, ajoutez la constante croissance de l'élément noir et la redoutable menace de l'élément jaune.

Contre ces arrivants de niveau inférieur se manifesta d'abord la réaction, économique et sociale, des ouvriers organisés. L'Amérique de la fin du dix-neuvième siècle était déjà un pays industrialisé, un pays de hauts salaires, de journées courtes à grande intensité de production, un pays de « confort » pour les classes ouvrières. Les immigrants, gens miséreux et de peu de besoins, pesaient de tout leur poids sur le taux des salaires et tendaient à abaisser le niveau de vie de l'ouvrier américain. C'est ce protectionnisme social qui fut l'origine, en Californie surtout, du mouvement d'exclusion des Jaunes.

Mais l'américanisme est autre chose encore que la colère des grandes blanchisseries, des tailleurs, des épiciers, des coopératives contre le petit blanchisseur chinois qui affiche à toutes les fenêtres ses prix, même dans la Nouvelle-Angleterre ; contre le tailleur chinois ou juif, contre les pauvres paysans lithuaniens, jetés dans les puits des mines de Pittsburgh ou entassés dans les abattoirs de Chicago — tels que les a dépeints *la Jungle* célèbre d'Upton Sinclair.

Non, cela n'est pas tout. Sous la pression des événements historiques, le patriotisme américain prenaît une allure nouvelle. S'il est vrai, suivant le mot de Renan, qu'une nation est faite des grandes choses que l'on a réalisées en commun, de souffrances communes et de communes espérances, une nation américaine naissait. La guerre contre l'Espagne, les interventions américaines en Europe et en Asie, même au Maroc, furent ses premiers pas. A la vieille théorie washingtonienne du fier isolement, à la théorie purement continentale de Monroë se substituait la conception d'une Amérique qui fait partie du monde, qui a des devoirs envers le monde, qui doit prendre des responsabilités. C'est dans la plus noble partie du peuple américain, dans les plus consciencieusement américanisés de ses citoyens, dans l'élite formée par ses universités que ce sentiment prit corps.

La crise morale de 1914-1917, puis l'entrée de l'Amérique dans la guerre mondiale firent de cette aspiration une réalité. Les Américains ont maintenant conscience d'avoir fait de grandes choses en commun. Et si beaucoup estiment qu'ils n'ont plus qu'à se reposer et à se désintéresser de nos frasques européennes, d'autres — les meilleurs, les plus fidèles en somme au vieil esprit puritain d'où est née l'Amérique — d'autres pensent qu'ils ont encore de grandes choses à faire ensemble.

Ils veulent, disent-ils, réaliser les « idéaux américains ». *American ideals*, c'est un des mots magiques dont on analyserait difficilement les sens multiples. Comme chez nous « la mission de la France » ou, au delà du détroit, le *Rule,*

Britannia, the waves, ou, pour les Italiens, la primauté de Rome éternelle — c'est un de ces mots à la fois vagues et tout gonflés d'avenir qui, à certains moments, secouent en son fond l'âme d'un peuple. Or, c'est une question, pour les Américains amoureux des *American ideals*, de savoir si ces idéaux sont accessibles au paysan ukrainien ou au mercanti de Jaffa.

De là un état d'esprit très curieux chez des hommes d'ailleurs très libéraux et de tendances humanitaires. Ces jours derniers, en voyant se détacher, sur la blancheur de la neige, les couleurs vives des drapeaux qui célébraient l'anniversaire d'Abraham Lincoln, je me demandais ce que le grand Américain penserait : même dans la Nouvelle-Angleterre, même en ce Boston qui fut le grand foyer de l'anti-esclavagisme, les idées de Lincoln sont en recul. Je connais des Bostoniens authentiques qui n'aiment pas à prendre le tramway ou le chemin de fer souterrain, de peur de s'y trouver assis à côté d'un nègre. Parlez-moi du Sud, où les gens de couleur ont leurs propres voitures ! Si les nègres ne sont pas exclus de la vénérable université Harvard, ils y sont, en fait, peu nombreux, et l'an dernier le président de l'Université a dû faire aux préjugés blancs cette concession : les étudiants de première année, qui d'ordinaire couchent dans de grandes maisons communes (ou *dormitories*) ne sauraient être obligés à occuper un lit dans une maison où ils auraient pour voisins des condisciples de couleur. « Boston, me dit un Bostonien de vieille souche, Boston ne se passionnerait plus aujourd'hui pour l'amendement qui a établi le droit des noirs ».

Dans ce même État de Massachusets, berceau des libertés américaines et des *American ideals*, on a, l'an dernier, sérieusement agité, et l'on agite encore, un autre projet, qui semble venir en droite ligne de la Russie tsariste : limiter, à un pourcentage déterminé, le nombre des étudiants juifs admis à l'Université. On ne leur en veut pas, il n'est pas question ici d'un antisémitisme agressif ; on craint que, sous leur nombre, ils n'étouffent, ils ne submergent l'idéal américain. On établit une distinction entre le Juif de vieille souche locale, le Juif américanisé, qui vit avec ses camarades dans les mêmes clubs, les mêmes fraternités, les mêmes sociétés d'athlétisme, et le Juif nouvellement arrivé, étranger ou rebelle aux traditions, aux habitudes, aux conceptions des universités américaines. En certaines universités, ils représentent un contingent formidable.

Après le tour des Juifs, viendra le tour d'autres groupements, et d'abord celui des Irlandais. Leur nombre est tel qu'ils sont en train de faire du Massachusets, l'État puritain, un État catholique. Comme les nègres, ils votent en bloc. Les nègres (c'est le grand grief qu'on a contre eux dans le Nord-Est), votent pour qui les paie. L'*Irish vote* obéit au mot d'ordre des agitateurs irlandais. En somme si l'Amérique a désavoué Wilson et a refusé d'entrer dans la Ligue des Nations, c'est parce que les Irlandais ont interdit à leurs élus d'accepter l'article 10 du pacte de Versailles, qui eût garanti à l'Angleterre la propriété de l'île-sœur.

Hier, dans la ville voisine de Providence, un Américain me disait : « Nous avons, en notre État de Rhode-Island, trop d'étrangers, surtout trop d'Italiens. » Le tour des Italiens viendra après celui des Irlandais. Quant aux Slaves, aux Orientaux et aux Jaunes, on s'en remet, pour les écarter, aux lois sur l'immigration, qu'il est question de renforcer encore.

Les violences sauvages du Ku-Klux-Klan ne sont donc, en somme, que l'expression brutale d'un sentiment beaucoup plus général, dont la contagion atteint les esprits les plus élevés. « Nous sommes, disent-ils, des États *unis;* nous ne sommes pas des États *unifiés.* Nous n'arriverons à ce stade que si nous interdisons l'accès de notre communauté nationale aux éléments qui en troubleraient la pureté, que si au moins nous ajournons l'entrée de ces éléments jusqu'au jour où ils auront cessé d'être dangereux. »

Qu'ils prennent garde. Si les *American ideals* sont autre chose qu'une formule, ils proclament la liberté de tous les hommes, le droit de tout homme à risquer sa chance, à faire sa vie. Exclure telles ou telles races de la communauté américaine pour préserver l'idéal américain, c'est là une contradiction. Comme Ugolin dévorant ses fils pour leur conserver un père, l'idéal américain pourrait bien se vider de son contenu à force de vouloir se garder pur de toute atteinte (1).

L'oncle Sam va-t-il repasser l'Atlantique?

Boston, 28 février.

Nous l'avons dit : le sentiment le plus répandu chez tous les Américains nés de père et de mère américains (54 pour 100), c'est l'américanisme. Mais il est un autre

(1) Sur le terrain universitaire, l'université Harvard, dont la décision était attendue avec impatience par les autres universités américaines, a pris parti, après une année d'études. A la suite d'un remarquable rapport du professeur Grandgent, elle a déclaré solennellement qu'il serait contraire à toutes ses traditions d'introduire une limitation fondée sur des distinctions de race, de religion ou de couleur, les seules distinctions devant être d'ordre scientifique et intellectuel. On a cependant donné au sentiment public cette satisfaction : nul ne pourra être contraint de coucher dans un *dormitory* où logent des étudiants *d'une autre couleur.* Théoriquement cette règle semble établir l'égalité entre blancs et noirs...

sentiment presque aussi fort : celui des responsabilités de l'Amérique.

Ce sentiment est fait de beaucoup de choses. D'orgueil, d'abord. D'un orgueil immense, dont on n'a pas l'idée quand on n'est pas venu ici. La conviction naïve que l'Amérique est le premier pays du monde, que ses institutions sont les meilleures du monde et que les oranges de Floride sont les plus grosses du monde, elle éclate en exclamations naïves dans les milieux populaires ; elle existe, sous le voile discret d'une courtoise urbanité, même dans les âmes les plus distinguées. Au mépris de l'Europe puérilement turbulente s'ajoute — et en une certaine mesure s'oppose — l'idée que l'Amérique seule est capable de rétablir l'ordre en cette « maison de fous » et que, le pouvant, elle le doit.

L'orgueil conduit ainsi à un sentiment religieux du devoir de l'Amérique. Là encore, dépouillons-nous de nos idées européennes pour comprendre la place que tient la religion dans la vie sociale de ce pays. Entendons-nous bien : j'ai dit la religion, je n'ai pas dit la croyance. Le plus incrédule des Américains est embrigadé dans une des innombrables « dénominations », fût-ce dans cette Église unitarienne qui reçoit tout le monde et qui n'enseigne pas la divinité du Christ, fût-ce dans une communauté d'agnostiques. Il a son Église, comme il a son club et sa société de sport ; il va même volontiers dans plusieurs églises, car les églises sont surtout des endroits où l'on chante et où l'on parle plus que des endroits où l'on prie. Le prêche n'y est pas toujours fait par un pasteur ; celui-ci cède souvent sa chaire à un professeur, à un voyageur, à un personnage influent. Mais quel que soit l'orateur, le sermon ressemble rarement à ce que nous appelons ainsi, dans le pays qui a donné au monde et Calvin et Bossuet. Ce

que l'on « prêche » dans les églises américaines, c'est ceci :
l'Amérique doit-elle être sèche ou humide? La France
a-t-elle bien fait d'entrer dans la Ruhr? Dimanche dernier, un pasteur des faubourgs, ardent admirateur de la
France, demandait à un Français de venir parler sur ce
thème. La prédication n'a rien ici de spécifiquement
ecclésiastique. Elle est morale et sociale.

Or, depuis quelque temps, on prêche surtout sur ceci :
l'Amérique a-t-elle le droit de se désintéresser des choses
d'Europe? Les consciences, troublées, s'interrogent. C'est
la vieille semence puritaine qui, vidée de son primitif
germe religieux, n'en continue pas moins à fermenter. Ces
crises de conscience, voilà, je crois, le grand honneur de
l'Amérique. Comme ils se sont demandé, entre 1916
et 1917 : « Avons-nous le droit de laisser triompher Satan
sous les espèces du Kaiser et de l'Allemagne? », beaucoup
d'Américains, chaque jour plus nombreux, se demandent :
« Avions-nous le droit, la guerre finie, d'abandonner
l'Europe à elle-même? » Et la figure de Wilson, un
moment honnie, grandit à nouveau. Politiquement,
l'ancien président n'existe plus. On parle de lui comme
on parlerait d'un mort. Mais que raconte-t-on des morts,
sinon leurs vertus? Plus d'un Américain se pose cette
question : N'est-ce pas Woodrow Wilson qui avait raison?

Entendons-nous bien encore. Parmi les milliers de
lecteurs qui, chaque matin, écrivent à leur journal que
l'Amérique, après avoir ramené du Rhin son dernier
million d'hommes, doit repasser moralement l'Atlantique,
il n'y a pas que des amis de la France. A côté de ceux
qui disent : « Retournons en Europe pour faire respecter
le traité de Versailles, seule garantie des victimes de
l'agression allemande », il y a ceux qui disent : « Ren-
trons-y pour abolir l'abominable traité de Versailles. »

N'oublions pas que le nombre est grand — trop grand au gré de l'américanisme — des Américains à « trait-d'union » et que, parmi des *hyphenatés*, il y a beaucoup d'amis de nos ennemis. Pour ceux-là, rentrer dans l'arène européenne, ce serait répondre à l'appel de Lloyd George, briser la volonté française.

Mais les uns et les autres sont d'accord sur ce point : réagir contre la politique d'isolement absolu que les gens de l'Ouest, surtout, avaient imposée à l'Union. C'est pour donner satisfaction à ce sentiment de plus en plus répandu que le Président vient de lancer son dernier message.

Là encore, sachons voir les faits sans rien exagérer. Arrivant moins de huit jours avant la clôture de la session, le message du Président et la lettre explicative, d'ailleurs assez confuse, du secrétaire d'État, ne peuvent avoir d'effet pratique pour le moment. C'est seulement en décembre, *et devant le nouveau Congrès*, que la question se posera. Ce que le Président et son conseiller ont voulu, c'est la poser devant le pays. Pendant ces dix mois, elle va être le sujet de toutes les conversations, elle va être débattue dans les réunions politiques, discutée dans les journaux, exposée dans les églises de toutes les confessions.

Sur cette question, les partis devront prendre position. Que les démocrates et surtout les anciens wilsoniens, approuvent l'initiative du président républicain (1), il n'y a rien là qui puisse nous étonner, et peut-être a-t-il pensé, par un jeu de politique intérieure, à plaire à la grosse minorité démocrate qui siégera au futur Congrès. Mais les républicains sont loin d'être délibérément et unanimement hostiles. L'irascible M. Borah peut continuer à vitupérer contre tout ce qui vient de la Ligue des Nations,

---

(1) Parfois en lui reprochant de s'arrêter à mi-chemin.

contre ses petits tout aussi bien que contre leur mère. Mais M. Lodge est plus prudent. M. Lodge est une grosse personnalité ; il mène, au Sénat, le Comité des affaires extérieures ; mais il est sénateur du Massachusets, et le Massachusets semble bien réprouver la politique d'isolement ; la majorité de ses citoyens est d'ailleurs désireuse de voir l'Union rentrer en Europe pour y aider la France. Une chose est désormais acquise : on ne traitera pas la nouvelle proposition de M. Harding comme on a traité son projet de la marine marchande ; on ne l'étouffera pas par l'obstruction : ici, on appelle cela la flibuste, *filibustering*.

Le Président a pris toutes les précautions pour distinguer la Cour de la Ligue, dont cependant elle émane. Les États-Unis ne siégeront au Conseil ou à l'assemblée de la Ligue que pour participer à l'élection des juges de la Cour permanente. Comme le dit très joliment un sénateur : « Nous sommes complètement hors de la Ligue. Nous sommes dans une partie de la Ligue. Par les réserves, nous sommes hors de la partie de la Ligue dans laquelle nous sommes. » Cela, pour être américain, n'en est pas moins quelque peu chinois.

N'importe, c'est le premier pas. En décembre, les États-Unis, vraisemblablement, repasseront l'Atlantique. Depuis Versailles, ils vivaient sur la fameuse formule qu'on allait chercher dans le message d'adieu de Washington : « Pas d'alliances embarrassantes. » Mais voici que, pour l'anniversaire de Washington, une revue américaine, le *Collier's Weekly*, découvre que le Père du pays n'a jamais dit cela ! C'est Jefferson qui l'a dit, en 1801, et il n'est même pas resté fidèle à cette politique, puisqu'il a proposé ensuite de s'allier à l'Angleterre pour s'opposer aux ambitions antillaises de Bonaparte.

L'isolement va donc cesser d'être un dogme américain. A nous de faire, d'ici le mois de décembre, que les Américains se persuadent de plus en plus que notre cause est celle de la justice. L'*Outlook* disait hier encore : « Nous ne devons avoir ni une politique pro-anglaise, ni une politique pro-allemande, ni une politique pro-française, mais une politique pro-américaine. Nous pensons qu'une politique pro-américaine est une politique pour la justice, et que la justice est du côté de la France. »

Le jour où la grosse majorité des consciences américaines ratifiera ce jugement, nous pourrons saluer la rentrée — même partielle — des États-Unis dans les assemblées européennes. En attendant, la pire des maladresses serait d'accueillir l'annonce de cette rentrée avec mauvaise humeur (1).

L'évolution du sentiment américain.

Boston, 23 février.

Il est visible que le sentiment américain évolue. Et dans un sens favorable à la France.

Il y a encore des pasteurs pour déclarer que la France se déshonore en faisant occuper la Ruhr par « des troupes noires ». Il y a encore des journaux pour imprimer une interview de M. Pierpont Noyes, ancien membre de la Commission rhénane, où nous sommes censés réclamer à l'Allemagne la bagatelle de 57 milliards *de dollars*... Il y a aussi, même dans le monde universitaire, des écono-

---

(1) Nous avons déjà parlé de la courageuse campagne entreprise en mai par le président de Harvard, M. Lawrence Lowell, pour rappeler au président Harding son adhésion antérieure, avec les fameuses réserves, à la ligue des Nations. Le président Coolidge, homme de la Nouvelle-Angleterre, ancien gouverneur du Massachusets, ira-t-il plus loin que son prédécesseur?

mistes (il y en a bien chez nous) pour dire que notre politique est folle, politique du créancier qui ruine son débiteur, *unsound policy*.

Mais de plus en plus on voit que ce grand journaliste, Frank H. Simonds, avait raison il y a douze jours de dire que le sentiment public était de plus en plus avec nous. M. Lloyd George, s'il visait l'Amérique, a fait complètement fausse route en proposant au Cabinet britannique d'intervenir de concert avec les États-Unis pour faire évacuer la Ruhr. Quelle que puisse être l'opinion intime du Président et de M. Hughes, la majorité du pays ne tolérait plus une intervention non acceptée, je dirai même non sollicitée par nous. On dit très clairement : « Intervenir, oui, si la France le demande. Mais pas à la demande de l'Angleterre, encore moins à celle de l'Allemagne. »

Je ne sais — les choses vont si vite en ce pays de *blizzards* et de « vagues » de froid ou de chaud — où nous en serons quand ces lignes arriveront à Paris. Aujourd'hui, nous en sommes là. On peut penser chez nous ce qu'on voudra de l'opération de la Ruhr, de sa légitimité ou de son efficacité. Mais un fait que je dois objectivement noter, c'est qu'on ne fera rien, de Washington, pour l'arrêter. Pas de jour où, soit au Congrès, soit au Sénat, on ne dise que la France, même si elle se trompe, a le droit de faire ce qu'elle fait, et qu'il faut lui laisser « courir sa chance ».

Que de chemin parcouru depuis le comminatoire discours de Newhaven, en décembre dernier !

Un député, humoristique autant que germanophile, proposait de contraindre par la force la France à payer sa dette : on nous aurait rendu la monnaie de la Ruhr. La Commission a estimé qu'il ne suffisait pas d'étouffer cette proposition sous le dédain, comme c'est ici la courante pratique parlementaire. Elle l'a écartée par un vote, afin que la France ne pût se méprendre sur le jugement des États-Unis, sur les dispositions du créancier américain à notre égard.

L'Allemagne a fait, au point de vue de sa propagande ici, une sottise en achetant avec de bonnes devises du charbon anglais. Elle en a fait une autre en rachetant du mark et en relevant cette monnaie sur le marché de New-York. Les banques américaines en rapport avec la finance allemande ne cachent pas que leurs coffres sont bondés de disponibilités allemandes. Les Américains notent que Stinnes met à la disposition du Reich, pour lutter contre nous, des crédits à l'étranger, dont il niait l'existence quand il fallait les faire servir aux réparations. L'emprunt en dollars est une autre maladresse : il sera souscrit non en marks, mais en devises « nobles ». Il en restait donc à Berlin, à Leipzig, à Francfort. La légende d'une Allemagne insolvable s'évanouit davantage tous les jours.

Hier, à New-York, au Madison Square Garden, se tenait un immense meeting, de 14 000 personnes, pour protester contre l'occupation de la Ruhr. Il était convoqué par un Comité des Cent que personne ne connaît. Tout ce que l'on a pu savoir, c'est que le numéro du téléphone retenu pour la réunion était celui d'une Compagnie allemande de produits chimiques. On a prononcé là, contre nous, de furibondes harangues. Mais le président désigné — rien de moins que M. Borah — et le principal orateur inscrit s'étaient prudemment fait excuser. Et voici qui troubla la fête : un avocat de grand renom, M. Martin Littleton avait été prié d'envoyer un télégramme de cinquante mots — ceci est bien américain (1) — pour appuyer la

---

(1) La *night letter*, télégramme envoyé le soir pour le matin, ne coûte pour cinquante mots que le prix d'un télégramme ordinaire de dix mots.

protestation. Au lieu d'un télégramme, il a envoyé une longue lettre, qui est un plaidoyer chaleureux en faveur de la cause française. Les organisateurs ont dû plaindre les dollars de leurs télégrammes. Ces déconvenues se font fréquentes.

N'exagérons rien. La partie n'est pas gagnée. Il y a encore bien des hésitants. On ne nous a pas encore pardonné Angora. Et la question des dettes, réglée avec l'Angleterre, est désormais posée pour nous. N'allons donc pas nous dire, à notre habitude, que nous pouvons nous endormir, laisser parler les faits, et attendre que les exagérations de nos adversaires nous servent. Non, l'opinion américaine reste mal informée. Il y a ici des journalistes qui ne savent ni le chiffre de nos morts, ni celui de nos mutilés, ni l'étendue de nos ruines, ni l'histoire de notre libération en 1871-73. Il faut redire cela tous les jours. N'oublions pas que ce pays est prisonnier d'agences télégraphiques qui ne sont pas nôtres, qu'il lit, comme journaux étrangers, surtout des journaux anglais, qu'il est à la merci de nouvelles fausses ou faussement présentées.

Le point acquis, c'est celui que je vous indique : Washington, même sollicité par Londres, ne se risquera pas à une démarche qui ne serait pas sérieusement souhaitée par Paris et Bruxelles. C'est déjà beaucoup. Ce n'est encore que cela.

Les « vagues » d'idées aux États-Unis.

Cambridge (Mass.), mai.

Je dis « vagues », et non courants. Un courant est quelque chose qui commence, qui se développe, s'élargit... Les idées ne se propagent point de cette manière en ce pays. De même qu'une vague de froid, partie du Canada ou des Montagnes Rocheuses, fait en quelques heures descendre le thermomètre, brusquement, sur d'immenses territoires et va quelquefois brûler des arbres fruitiers jusqu'en Floride, de même les idées se répandent tout d'un coup, annihilant celles qui semblaient assurées d'un long règne.

Quand je suis arrivé ici, déferlait partout la vague Coué. On était surpris, et peut-être un peu scandalisé, qu'un Français fût très mal renseigné sur celui qu'on appelait « le petit pharmacien de Nancy ». M. Coué parti, les fonds recueillis pour son Institut, on publia bien des livres sur lui et sur sa méthode, mais on se mit à l'oublier. Ce fut, alors, la vague Tut-ank-amen. L'Amérique se mit, tout d'une haleine, à découvrir l'Égypte. Les salles égyptiennes ne désemplissaient pas dans les musées, les bibliothèques ne pouvaient fournir aux demandes des égyptologues improvisés, la mode « égyptienne » commandait la forme des chapeaux et le dessin des cravates, et les journaux du dimanche — dans leur *Rotogravure section* — reproduisaient les splendeurs de Louqsor. La tombe du Pharaon refermée, on parla d'autre chose, et c'est tout juste si l'on prit garde à la mort déplorable de lord Carnarvon.

Maintenant, une autre vague est venue. Les Américains se sont aperçus qu'ils ignoraient à peu près tout de la politique étrangère — et spécialement de la politique européenne. Certains journaux (la presse hearstienne) cherchent à les enfermer dans cette ignorance, à leur en faire une vertu, pour mieux tourner leur attention vers la politique intérieure et les entreprises démagogiques. Mais la conscience, qui est très exigeante chez beaucoup d'Américains, est plus forte que la démagogie.

La guerre a été pour eux une leçon, plus profonde et plus durable que nous ne le croyons en Europe, où nous jugeons trop les États-Unis d'après les milliardaires américains, lesquels viennent étudier la France dans les cabarets de Montmartre ou dans les salons de Monte-Carlo. Comme le disait hier même, avec sa haute autorité, le président de l'Université Harvard, M. Lowell, en présentant au public de Boston lord Robert Cecil : « Avant notre entrée dans la guerre, on disait généralement que nous ne pouvions pas y être entraînés. Nous y sommes entrés sans préparation tout comme maintenant nous commes impréparés pour la paix. »

Beaucoup d'Américains entendent se préparer désormais. Tâche nécessaire. — Ne nous scandalisons pas trop de ce que, tout récemment, les journaux les plus sérieux de l'Est donnaient une nouvelle russe, via Riga, sous cette rubrique : « *Riga (Esthonie)* ». Nous commettons de telles erreurs, et de pires, ès-choses américaines. Mais il est certain que l'ignorance de l'Europe est un mal grave, et de plus en plus nombreux sont les Américains qui s'en veulent guérir. C'est un signe que de grands journaux servent à leurs lecteurs, en guise de feuilleton, les lettres où Walter Page, ambassadeur à Londres avant et pendant la guerre, gourmandait l'indifférence, la nonchalance, l'irrésolution des hôtes de la Maison Blanche. Lettres clairvoyantes, courageuses, prophétiques, d'un ami passionné du droit et de la liberté. Excellente lecture pour un peuple qui cherche à comprendre l'Europe.

J'ai déjà dit que des intellectuels s'étaient groupés pour fonder une revue consacrée à la politique extérieure, *Foreign Affairs*, laquelle s'est tout de suite classée parmi les premiers périodiques de ce genre. Avec une haute impartialité, elle a demandé des articles à toutes les personnalités marquantes. Le second numéro donnait, par exemple, un article dû à un Français — à un ancien président du Conseil — qui conseillait à l'Angleterre et à l'Amérique de ne pas faire payer l'Allemagne, d'employer des mesures coercitives pour empêcher la France de se faire payer, enfin de rétablir en Europe les anciennes frontières, au moins économiques. A côté un article américain, du professeur Haskins, le plus magnifique éloge que l'on puisse faire de notre administration dans la Sarre. Cette revue a publié une étude anonyme consacrée aux deux premières années de politique étrangère du gouvernement Harding ; étude sévère, impitoyable. L'auteur montre très bien comment le discours de Newhaven (décembre 1922) menait tout droit la nation dans les ornières lloydgeorgiennes, à la rescousse du chariot embourbé de l'Allemagne, et comment la nation, en se cabrant, a forcé le cabinet à rebrousser chemin. Peut-être y lirons-nous demain, en réponse, l'apologie du secrétaire d'État Hughes.

D'autre part, s'est formée à New-York une Société pour l'étude des questions de politique étrangère, *Foreign policy Association*, avec des sections dans quelques grands centres (1). Pour comprendre le fonctionnement de cette association, il faut être familier avec les habitudes américaines. Représentez-vous une salle à manger d'hôtel : tantôt la salle égyptienne, mystérieuse comme une tombe ; ou la salle pompéienne, ou la vénitienne, ou, quand l'affluence est grande, l'immense « salle de bal de cristal » du douzième ou du vingtième étage. Une table de milieu,

(1) Cette société a été fondée par des « libéraux », assez disposés à dénoncer « l'impérialisme français ». Mais il est arrivé, dans bien des centres, que les groupes se sont chaleureusement prononcés (à Cincinnati comme à Boston) en faveur de notre politique.

parfois sur une estrade surélevée, reçoit le bureau de la Société et les deux principaux orateurs. Des tables rondes, chargées d'un lunch léger, réunissent en groupes sympathiques, cinq, six cents personnes ou même davantage. Les dames, souvent élégantes, sont en majorité. Que cela ne vous étonne point. De plus en plus, en ce pays, ce sont les femmes qui donnent le ton à la politique. Elles votent, très sérieusement, et elles font voter. Les hommes, absorbés par les affaires, ne s'occupent de la politique que dans ses rapports avec les affaires. C'est dans les clubs de femmes, extrêmement nombreux et actifs, que s'élaborent les idées politiques et sociales. Pour avoir avec soi l'Amérique, il faut maintenant agir sur les femmes.

A l'heure du café, le président, — généralement un homme d'âge et respecté (1) —indique le sujet du débat et présente les deux principaux orateurs. On parlera pour ou contre la Turquie, pour ou contre l'occupation de la Ruhr, pour ou contre la Ligue des Nations. Vingt-cinq minutes seront accordées aux défenseurs des deux thèses. Cinq minutes leur seront ensuite attribuées pour rétorquer les arguments de l'adversaire. Puis viendront, parlant de leurs places, quelques orateurs « de cinq minutes » ou « de trois minutes » — et ensuite la discussion ouverte.

Ainsi se fait l'éducation diplomatique du peuple américain. Ainsi, autour des plats et des tasses, les idées s'affrontent et se heurtent.

(1) J'ai vu, dans ces difficiles fonctions, le vénérable président honoraire de Harvard, le docteur Charles Eliot, entré dans sa quatre-vingt-dixième année. Sa verdeur, sa robustesse physique, sa présence d'esprit, sa haute impartialité, sa courtoisie souveraine résument ce qu'il y a de plus noble dans l'âme de la Nouvelle-Angleterre.

Paroles d'hommes d'affaires.

Boston, mai.

On reproche en général aux Français de traiter la question des réparations comme une question politique, non comme une question économique. Même dans les pays où le monde politique conserve des sympathies pour la France, les hommes d'affaires considèrent la politique française comme maladroite, inopérante, ruineuse non pour l'Allemagne seulement, mais pour la France, pour l'Europe, pour tout le monde. La France, répète-t-on, tue la poule (en anglais on dit l'oie) aux œufs d'or ; il n'y aura plus d'œufs pour personne.

C'est ce qu'on a pensé d'abord à Wall street comme ailleurs. Mais l'Américain aime à voir par lui-même ; à toutes les phrases il préfère un « fact » ; il a donc traversé l'Atlantique pour aller recueillir des « facts », et il a aussi regardé ceux qu'il apercevait chez lui... Il a comparé les uns et les autres.

Les Américains qui sont venus récemment en Europe appartiennent à trois catégories. Les touristes milliardaires viennent observer la vie européenne dans les « dancings » et les salles de baccara. Les politiciens emportent une idée fixe dans leur valise et la rapportent sans l'avoir sortie de sa cachette, de peur de la déflorer ; qu'un sénateur « irréconciliable », un Hiram Johnson ou un La Follette, vienne ou ne vienne pas en Europe, le résultat est le même ; son siège est fait d'avance ; pour lui, l'Europe est une maison de fous, dont il n'y a pas à s'occuper. Mais les financiers, les industriels, les commerçants regardent et, après avoir vu, parlent.

Que disent-ils?

Déjà, le 17 mars, M. R. M. Bryan, *manager* de la grande société charbonnière *The Black Diamond*, racontait à Chicago, devant le *Chicago Council of Foreign Relations*, son récent voyage en Europe. « La France, disait-il, a le droit pour elle au point de vue légal et moral... La majorité de l'opinion dans ce pays, telle est ma conviction sincère, appuie la France sur ce double terrain. Quelques-uns seulement discutent sur l'opportunité de son action... » M. Bryan, lui, a vu. Il a vu nos mines détruites, et il décrit, comme nul Français ne le pourrait faire, l'œuvre de dévastation. Il sait que l'envahisseur n'a eu qu'une pensée, une pensée « diabolique : paralyser la vie industrielle de la France ». Il connaît le détail de l'immense escroquerie du mark, et comment, après l'échec de sa stratégie d'invasion militaire, le Reich a inventé la politique d'évasion financière, surtout d'évasion fiscale des riches. A son avis, les Français et les Belges n'avaient qu'une chose à faire : « Entrer dans la Ruhr pour assurer le paiement de justes réparations. Regardez la question comme il vous plaira. Discutez la du point de vue économique, légal, ou du point de vue que vous voudrez, le fait demeure que l'Allemagne doit à ces deux nations pour le dommage qu'elle leur a infligé durant la guerre, et que la conférence de Versailles leur a donné un jugement contre l'Allemagne pour ces réparations, jugement auquel l'Allemagne a essayé et essaie toujours d'échapper. Et dans cette évasion elle a été aidée et soutenue, elle est toujours aidée et soutenue par de nombreux politiciens d'Angleterre et d'Amérique. »

Mais, continue M. R. M. Bryan, la clarté se fait, malgré la nouvelle « guerre des gaz — le gaz du mark — gaz lacrymatoire » au moyen duquel les Allemands tentent d'empoisonner l'opinion. Malgré tout, malgré l'espèce d'anesthésie morale infligée aux détenteurs de marks, les revues, les journaux soutiennent de plus en plus la cause de la France : « La marée d'encre a définitivement tourné en ce pays. »

Ainsi parla R. M. Bryan. Et l'on s'en souvient encore, même à Chicago.

Dans deux numéros d'une revue très répandue, *Saturday Evening Post*, M. Garret Garrett, par exemple, dénonce avec vigueur ce qu'il appelle la plaisanterie — il faudrait, pour être fidèle, traduire « la blague » allemande du : l'Allemagne ne peut pas payer, *the great* « Germany-can't pay » *hoax*.

Il montre que l'incapacité allemande de payer est une incapacité d'ordre psychologique, créée par l'Allemagne elle-même, apitoyée sur son propre sort et engagée dans la fameuse entreprise qui consiste à rejeter sur d'autres la responsabilité, mère des sanctions. « L'Allemagne, écrit-il, n'a pas le sentiment de sa culpabilité, la conviction de la dette, pas d'esprit de repentance, mais au contraire une obsession d'innocence. » D'où naît la volonté de ne pas payer.

Sur la richesse réelle de l'Allemagne, M. Garrett, en connaisseur, a fait maintes constatations. Il est intéressant d'entendre un Américain — non un Français — dire que l'inflation n'a pas détruit la richesse allemande, mais l'a simplement fait changer de mains ; que l'Allemagne s'est industriellement reconstruite depuis la guerre ; qu'elle a renouvelé et étendu son système de voies ferrées, creusé des canaux, reconstruit une flotte marchande, amélioré ses ports, bâti des maisons. Les biens des classes à revenu fixe ont fondu entre leurs mains, mais pour être convertis « en nouvelles usines, en nouveaux bateaux, banques, crédits dans les banques étrangères au compte des grands industriels allemands, en travaux publics, en moyens de vie luxueuse pour les nouveaux riches », etc.

Son opinion est que ces profiteurs pourraient payer les réparations, s'ils en avaient le vouloir. Il posait à un député socialiste cette question : « Si les réparations étaient fixées à cinq cents milliards de marks, combien de temps faudrait-il à vos industriels pour financer pareille somme? » Réponse : « Ils pourraient le faire en une heure. » Cela n'empêche pas, conclut M. Garrett, la « blague » du « l'Allemagne ne peut payer », d'avoir triomphé avec l'appui de Lloyd George, de lord d'Abernon, de Keynes, de sir John Bradbury et du sénateur Borah. Mais, dit-il, l'illusion est dissipée. Nous n'en sommes plus au temps où le secrétaire d'État Hughes prononçait le discours de Newhaven (décembre 1922). L'Amérique sait ce que valent les lamentations de Cuno et de Stinnes. L'Allemagne est un débiteur que les Alliés doivent forcer à payer.

Maintenant, c'est un grand avocat d'affaires de Boston, M. Edgar O. Achom, qui donne son avis en rentrant d'Europe. Il considère que la politique de l'Allemagne est, autant que celle de la Russie, destructive de la notion de propriété ; seulement elle est plus hypocrite, car les Russes proclament leur doctrine. Il n'hésite pas à voir dans la dépréciation du mark ce que ni les économistes anglais ou neutres, ni beaucoup d'économistes français n'ont voulu y voir, un plan — il dit une *deliberate conspiracy* — pour ne pas payer ses dettes. Quant au règlement des actions ou obligations des sociétés industrielles, commerciales ou maritimes, transformées en papiers sans valeur, c'est un excellent moyen de ne pas tenir ses engagements.

L'Allemagne, affirme-t-il, est devenue par là une nation créancière, en position de dominer le reste du monde.

En fait, des « millions et des millions de solides dollars américains ont été échangés contre du papier que les Allemands n'ont jamais eu et n'auront jamais l'intention de racheter... » Malheureux acheteurs, c'est eux qui ont peur de la ruine de l'Allemagne et qui vitupèrent contre la France.

Mieux renseigné que personne, M. Achom sait qu'après avoir investi une part de leurs bénéfices en nouvelles créations industrielles et les avoir soustraits à l'impôt, les hommes d'affaires allemands en ont placé une plus grande partie à l'étranger, en Amérique, dit-il, en Angleterre, en Italie, en Hollande, en Danemark, en Suisse, *et même en France*. Ces dépôts sont estimés par des financiers et par des hommes qui croient connaître les choses dont ils parlent à environ *deux milliards de dollars*, entre deux ou trois milliards probablement aux États-Unis.

On lui demande comment de pareilles sommes peuvent être aux États-Unis? C'est, dit-il, que les bénéfices réalisés dans le Sud-Amérique depuis la guerre ont été transférés pour plus de sûreté, dans les banques des États-Unis. Comment les reconnaître? « Ces crédits, à ce qu'on m'a dit, ont été passés par la Suisse, par Londres, par New York, ou vice versa, et ils ont perdu en route leur individualité. » L'Allemagne, si elle est dispensée des réparations, va donc se trouver pourvue de larges crédits à l'étranger, et, déchargée en même temps de toutes ses obligations, des obligations privées de ses syndicats industriels aussi bien que de ses dettes comme État.

Quel jugement, alors, porter sur l'action de la France? Je livre celui de M. Achom à ceux de nos amis neutres dont la conscience inquiète s'attriste à la pensée que la France, soldat du droit en 1914, fait souffrir l'Allemagne vaincue. Je le livre à ces « libéraux » américains de *The Nation* et de

New Republic qui, mettant en parallèle ces deux dates : « 1914-1923 », estiment que le militarisme impérialiste a simplement changé de camp : « Lorsque l'Allemagne acceptera les conditions françaises, l'Angleterre et l'Amérique auront encore à remercier la France, comme elles eurent à la remercier pour avoir arrêté les Allemands à Verdun. »

M. Achom n'a qu'un reproche à faire à la France : *c'est d'avoir attendu trop longtemps.* On sait que la même opinion, qui prend de plus en plus corps en Amérique, vient d'être exprimée par un autre Américain, M. Clarence W. Barron, à la suite d'un voyage dans la Ruhr. M. Achom est d'accord avec M. Barron pour conclure : « De même que la France défendait la frontière de la civilisation pendant la guerre avec son armée, de même aujourd'hui elle défend notre civilisation dans les conditions de la paix : l'honneur et l'intégrité des promesses des gouvernements, la sainteté des contrats publics et privés, la protection des droits individuels. » Il ajoute qu'elle défend, contre les industriels qui échappent à l'impôt par la baisse du mark, les intérêts réels des ouvriers allemands. Je répète qu'on commence à lui reprocher de ne les avoir pas défendus plus tôt. Le célèbre M. Baruch ne va pas si loin. On ne l'accusera pas de favoriser à l'excès les thèses françaises. Il nous reproche volontiers de trop exiger de l'Allemagne, il nous conseille de la ménager. « Elle peut payer, dit-il, dans les 12 milliards de dollars. » Cela fait en gros, 50 milliards de marks-or. C'est à peu près le total des bons A, et nous voilà d'accord avec le sévère M. Baruch.

Je ne commente pas, je verse au dossier ces opinions américaines. Je puis, après un séjour dans la Nouvelle-Angleterre, et, chose plus significative, après un voyage dans l'Ouest, affirmer en toute conscience qu'elles se répandent de plus en plus en Amérique. Non pas encore dans l'Amérique des politiciens, au Capitole de Washington, ni peut-être à la Maison Blanche, mais d'abord dans l'Amérique intellectuelle, dans les universités, et maintenant dans l'Amérique des gens d'affaires, à Wall Street et dans les succursales de Wall Street. C'est un fait avec lequel il faut compter. Que la France ait soulevé contre elle — comme on le dit en Allemagne, chez quelques neutres et même chez quelques alliés — le sentiment moral de l'univers, cela peut être vrai de l'ancien monde. Cela n'est plus vrai du nouveau.

Memorial Day. Comment se forge l'âme d'une nation.

Le hasard me mène à New York. *Memorial Day*, c'est la fête civique des Morts. Sur la chaussée qui borde l'Hudson, dans ce merveilleux paysage que j'ai déjà décrit, le monument aux morts, sur son haut piédestal de granit, érige vers un ciel d'Italie, en face de la rivière où dorment les cuirassés, son temple athénien, rond comme le monument de Lysicrate.

La masse khaki défile, coiffée tantôt de la petite casquette plate à la visière de cuir fauve, tantôt du bonnet de police, ou du chapeau légendaire. La foule est là, sous les balcons fleuris et sous les arbres. Elle n'est pas si nombreuse, ni si animée que nos foules françaises. Pas d'échelles, ni de voitures à bras transmuées en tribunes ; peu de bruit. Tout ce qu'elle demande, cette foule, c'est qu'on laisse passer au premier rang les enfants. Car c'est ici le pays de l'enfant-roi, roi tout près d'être un tyran.

Tout cela se fait avec calme, avec bonne grâce et politesse. Parmi le lot de nos idées fausses sur l'Amérique, il faut placer la fameuse brutalité américaine. Il paraît que, le 4 juillet, c'est autre chose...

Que de changements depuis l'heure lointaine, l'heure d'angoisse où, du portail des Invalides, sortit le premier bataillon venu d'outre-mer, cohue que menait une musique un peu sauvage ! Ces hommes ont pris le pas alerte, l'air martial. Aux airs nègres vraiment trop « modernes », au *Yankee Doodle* se mêlent les sonneries, les batteries, les airs de chez nous.

Il serait facile de critiquer les détails. Ce n'est point la rigide souplesse d'une parade française. N'essayez pas de poser votre canne en travers des baïonnettes. En cette troupe, se retrouve l'infinie diversité des races. Il y a même un régiment noir, et, ce que je note, la foule applaudit.

Même parmi les blancs, les superbes gaillards voisinent avec les courtauds, les Scandinaves avec les Italiens. Il y a des faces rondes, des gros ventres et des hanches oscillantes. Plus d'un commandant à lunettes a l'air d'un chef de bureau. D'accord, mais, sur ces poitrines bien ou mal faites, je vois mainte décoration alliée, les nôtres souvent. Et quelques-uns de ces drapeaux — le régiment américain a deux drapeaux, la bannière étoilée d'abord, puis le sien, à ses couleurs — quelques-uns sont troués, usés. Neuf, un drapeau n'est peut-être qu'un chiffon de couleur. Les glorieuses déchirures, de la loque font un symbole. On se découvre respectueusement, comme chez nous.

Je ne dirai pas que les conversions, au coin de la chaussée et de la 89e rue, se passent avec une parfaite correction. Trop souvent les hommes vont chercher leur nouvelle place au pas de charge — un pas de charge très individuel. Que voulez-vous? Cette armée a été fabriquée tout exprès pour faire la guerre. Elle est passée du football à la formation des vagues d'assaut. Elle s'est instruite sous la mitraille.

Voici les petits obusiers montés sur plates-formes automobiles, puis l'artillerie attelée, puis la cavalerie. Le galop de ces robustes fermiers, sur de robustes bêtes, ce n'est pas non plus quelque chose de très « militaire », au sens qu'avait ce mot en 1913.

Enfin, pendant près de deux heures, se déroule l'interminable défilé des « vétérans ». Barbes blanches des vétérans de la guerre civile, la grande épreuve qui a cimenté les divers éléments de la nation. Beaucoup ont sorti leurs uniformes surannés, assez semblables à celui que portaient naguère nos zouaves. Leurs drapeaux aux couleurs pâlies sont parfois roulés, de peur qu'ils ne tombent en poussière. C'est un grand souvenir qui passe.

On éprouve plus d'embarras à voir défiler les vétérans de la guerre espagnole, la douteuse épopée cubaine. Mais bientôt arrivent les vétérans (le mot, ici, veut simplement dire ancien soldat) de la grande guerre.

Ah ! que les chroniqueurs boulevardiers pourraient collectionner de détails grotesques ! Je n'oublierai pas ces musiciens au dolman violet-évêque, barré de brandebourgs et bordé de galons jaunes : c'est la *Subway Band*, la musique du Métro. Ni ces habits de drap blanc, dignes de l'ancienne cour de Vienne, surmontés d'un bonnet à poil trois fois haut comme la tête qui le porte. Ces fantaisies cocasses ne choquent pas le goût new-yorkais. Il ne s'étonne pas non plus de voir mêlées à ces hommes des bandes d'enfants, ni les boys scouts, ni, ce qui paraîtrait plus grave aux farouches démocrates de chez nous, des « bataillons scolaires ». Oui-da ! avec des fusils, parfois de vieux fusils à pierre. Après tout, n'est-ce pas la pure tradition de notre grande époque :

> Nous entrerons dans la carrière
> Quand nos aînés n'y seront plus.

Tout de même un Européen, sceptique, ne retient pas un sourire. Ces orchestres de gamins de huit à douze ans nous semblent peu à leur place. Il y eut surtout un orchestre de petits négrillons, impayable !

J'accorde que tout cela fournirait d'excellentes caricatures pour le prochain Salon des humoristes. Prenez garde, avant de sourire. Sur les poitrines de ces « vétérans », en uniforme ou en civil, les croix sont encore nombreuses. Et je vous mets bien au défi de rire quand, sur les petits fanions qu'ils portent sur l'épaule, vous lirez ces noms : Soissons, Sedan, Cantigny, Château-Thierry, et ce nom, le nom du premier grand sacrifice : *Belleau Wood*.

Non, je n'ai pas envie de rire. Je songe à un poilu rencontré dans la gare de Troyes, le 15 juillet 1918, sous la pourpre du soleil couchant. Il en venait, du champ de bataille, et, d'une langue un peu alourdie par les rafraîchissements de la route, il me disait, cet inconnu : « Ah ! oui, monsieur, on les aura. Ça chauffe dur. Et puis, il y a les Américains. Ah ! c'est qu'ils y vont de bon cœur, ces gars-là. Y a pas à dire, ils y vont de bon cœur. »

De quel cœur y sont-elles allées, ces femmes, jeunes et vieilles, les unes ridiculement vêtues de satin blanc ; les autres, plus risibles encore dans leur costume de *girl scouts*, ou sous l'uniforme pseudo-militaire ? Ah ! oui, encore de quoi tenter le pinceau des humoristes. Mais que de fois, sur ces corsages, le petit ruban tricolore accroche notre médaille des épidémies, sans parler de quelques rubans rouges. Et je sais plus d'une famille de paysans, en Champagne ou ailleurs, que ces petites automobilistes américaines ont arrachée à la mort. Saluons ; ce n'est pas l'heure de rire. Nos paysans ne riraient pas.

La plupart de ces groupes qui défilent, ce sont les sections de l'*American Legion*. Le même jour, c'est la même chose dans toutes les villes, d'ici au Pacifique, du Golfe aux Grands Lacs. Il faut voir cela pour avoir une idée de la force que représente, dans l'opinion américaine, cette puissante association, partout présente, active partout. Et c'est une joie de penser que cette force travaille à rendre indéfectible l'amitié franco-américaine. Quel appui en ce formidable New-York où tant de forces nous sont peu favorables ! N'oublions jamais, quand nous parlons de l'Amérique, de tenir compte de l'*American Legion*. Moralement, politiquement, c'est une puissance.

C'est à son amicale intervention, disons mieux : à ses formelles exigences que les délégations alliées doivent de pouvoir défiler en ce cortège américain, avec leurs drapeaux respectueusement applaudis par la foule. Les nôtres sont là : quelques uniformes bleus, puis le bataillon de nos mobilisés, brassard à la manche.

J'entends la *Marseillaise*, suivie de l'hymne américain. Une partie de la foule s'est massée au pied de la statue de Jeanne Darc. Car *Joan of Arc* a ici sa statue, et elle entre dans la légende américaine, comme une sorte de tante lointaine de La Fayette et de Rochambeau. Une voix de femme, en français, rappelle qu'en ce jour aussi Jeanne fut brûlée à Rouen. Beaucoup ne comprennent pas, mais disent, en anglais : « Je suis venu pour suivre les Français. » *I wanted to follow the Frenchmen*. La dame, qui vient de déposer aux pieds de Jeanne une gerbe de lis, porte à la main la croix de bois noir et, sur ses cheveux blancs, très brave, le bonnet phrygien, oui, le bonnet rouge à la large cocarde. Ses compagnes l'ont aussi, ou la coiffe lorraine, ou les tresses d'Alsace. Autour d'elles, j'entends parler le français, et même ce dialecte, conservateur de la nationalité, que les oreilles mal averties prennent pour de l'allemand. Encore une force à ne pas négliger, les Alsaciens d'Amérique.

Et voilà que, du monument de Jeanne, sous le drapeau du « bataillon La Fayette », partent quelques « vétérans » de chez nous, de bons vieux qui traînent la jambe, mais qui se redressent sous leur vieil uniforme : l'uniforme d'autrefois de nos « petits vitriers »...

Ainsi se forge l'âme d'une nation. Quelle chance pour nous — saurons-nous en profiter? — que les souvenirs qui entrent dans l'histoire américaine soient si souvent des souvenirs français, de Saratoga et de Yorktown au Bois-Belleau ! Ne gâchons pas cette chance.

Voilà ce que fut, chez cette nation qui n'est pas militariste, mais qui n'a pas peur de ses gloires, la commémoration des morts, Decoration Day.

Et je n'ai pas trouvé cela si ridicule.

FIN

TABLE DES MATIÈRES

PARIS. — TYP. PLON-NOURRIT ET Cie, 8, RUE GARANCIÈRE — 30017.